U0486057

科学家如何探索世界
华莱士与进化论

[英] 克里斯蒂安娜·多里翁 著
[英] 哈里·坦南特 绘　王漪虹 译

谨将本书献给菲利普、托马斯和尼古拉斯——克里斯蒂安娜·多里翁
谨以此书纪念芬恩·克拉克——哈里·坦南特

历史顾问:"阿尔弗雷德·拉塞尔·华莱士通信项目"主管乔治·贝卡罗尼博士
感谢马丁·欣奇克利夫在维多利亚时期科学仪器方面贡献的热情和专业知识。

科学家如何探索世界:华莱士与进化论

KEXUEJIA RUHE TANSUO SHIJIE: HUALAISHI YU JINHUALUN

图书在版编目(CIP)数据

科学家如何探索世界:华莱士与进化论/(英)克里斯蒂安娜·多里翁著;(英)哈里·坦南特绘;王漪虹译. -- 福州:海峡书局,2023.2(2024.8 重印)
书名原文:Darwin's rival: Alfred Russel Wallace and the search for evolution
ISBN 978-7-5567-1034-8

Ⅰ.①科… Ⅱ.①克…②哈…③王… Ⅲ.①阿尔弗雷德·拉塞尔·华莱士—传记 Ⅳ.①K835.616.15

中国国家版本馆 CIP 数据核字(2023)第 001012 号

Text © 2020 Christiane Dorion
Illustrations © 2020 Harry Tennant
Published by arrangement with Walker Books Limited, London SE11 5HJ
All rights reserved. No part of this book may be reproduced, transmitted, broadcast or stored in an information retrieval system in any form or by any means, graphic, electronic or mechanical, including photocopying, taping and recording, without prior written permission from the publisher.

本书中文简体版权归属于银杏树下(北京)图书有限责任公司
著作权合同登记号 图字:13-2023-009 号

著　者:	[英]克里斯蒂安娜·多里翁
绘　者:	[英]哈里·坦南特
译　者:	王漪虹
出版发行:	海峡书局
地　址:	福州市白马中路 15 号海峡出版发行集团 2 楼
邮　编:	350004
印　刷:	天津裕同印刷有限公司
开　本:	889mm×1340mm　1/12
印　张:	6
字　数:	120 千字
版　次:	2023 年 2 月第 1 版
印　次:	2024 年 8 月第 2 次
书　号:	ISBN 978-7-5567-1034-8
定　价:	128.00 元

读者服务:reader@hinabook.com 188-1142-1266
投稿服务:onebook@hinabook.com 133-6631-2326
直销服务:buy@hinabook.com 133-6657-3072
官方微博:@浪花朵朵童书

后浪出版咨询(北京)有限责任公司　版权所有,侵权必究
投诉信箱:editor@hinabook.com　fawu@hinabook.com
未经许可,不得以任何方式复制或者抄袭本书部分或全部内容
本书若有印、装质量问题,请与本公司联系调换,电话 010-64072833

出版人:林　彬
选题策划:北京浪花朵朵文化传播有限公司
编辑统筹:冉华蓉
特约编辑:胡晟男
装帧制造:墨白空间·闫献龙
出版统筹:吴兴元
责任编辑:廖飞琴　潘明劼
营销推广:ONEBOOK

查尔斯·达尔文收
唐屋
勒斯特路

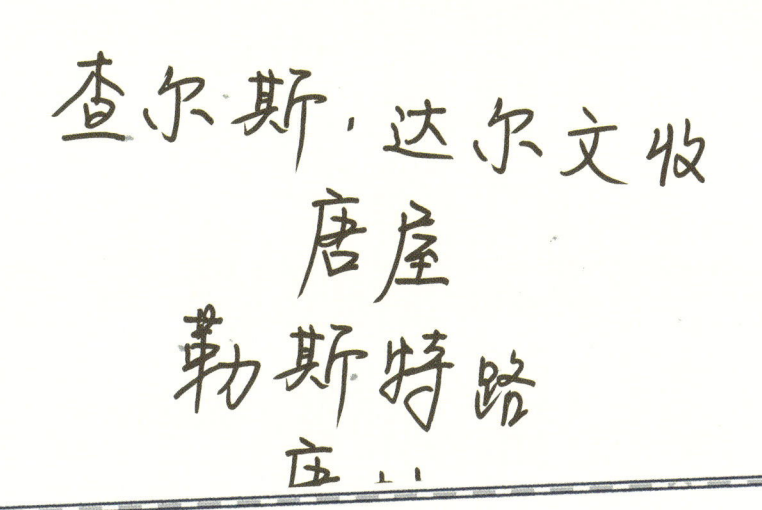

1858年6月，著名的科学家查尔斯·达尔文（Charles Darwin）收到了一位年轻的英国探险家和博物学家寄来的信。这封信是从太平洋的一个偏远岛屿寄出的，信中提出了一个新观点，用于解释生物是如何随时间推移而进化的。这位探险家的名字叫阿尔弗雷德·拉塞尔·华莱士（Alfred Russel Wallace），本书讲述了他的人生故事、他的冒险经历，还有他写给达尔文的信件是如何对我们理解地球生物进化产生巨大影响的。

查尔斯·达尔文

阿尔弗雷德·拉塞尔·华莱士
新加坡，1862年2月

少年华莱士

阿尔弗雷德·拉塞尔·华莱士 1823年1月8日出生于英国威尔士蒙茅斯郡的兰巴多克（Llanbadoc）村。他们一家人住在阿斯克河（River Usk）畔的一栋农宅里，他在9个孩子中排行第八。那是一个集发现、发明和新思潮于一体的伟大时代，随着工业革命的起步，工厂烟囱里冒出的滚滚黑烟成了英国的一道风景线。煤矿一直挖到地下深处，以满足工业领域对这一重要能源日益增长的需求。一座座小镇正逐步发展成为工业城市。随着第一台蒸汽机车的问世和铁在造船业中的应用，世界各地的旅行和贸易变得更加快速，也更加便捷。

在乡村出生的华莱士避开了英国生活中的这些快速变化。年幼的他会花好几个小时爬上家后面树木茂密的陡峭山坡，和哥哥姐姐们一起探索附近的田野。他还喜欢在河里玩耍，他会用旧的长柄锅抓小鱼，在篝火上烤土豆。

华莱士5岁时，一切都变了。由于父亲收入锐减，全家人搬到了伦敦北部的赫特福德（Hertford）郡。在那里，他的父亲做起了图书管理员的工作，并在业余时间辅导学生，以贴补自己微薄的收入。他们的新家比过去要小得多，门前只有一个很小的花园，但华莱士很喜欢与邻居们玩耍。家里总有一些有趣的书，晚上父亲会大声读给全家人听。华莱士就读于当地的一所学校，全校的80名男孩和4名教师全都挤在一间大教室里。死记硬背乘法表、拉丁语动词，还有历代国王和女王的名字，令他感觉相当枯燥乏味。怀揣着一颗好奇心的他，还是更喜欢读旅行者的游记和荒岛沉船的故事。

家里的钱总是不够花，一家人只得一次次地搬家，而所住的房子越来越小，居住环境也越来越拥挤。在14岁时，华莱士被迫辍学外出谋生。不过父亲的财务困难和家境的败落却有助于华莱士性格的塑造，使他更加坚定地走在自己选择的道路上。

在阿斯克河中捕鱼

探险家的成长

1837 年的夏天， 华莱士开始跟着大哥威廉做学徒。威廉是一名土地测量员，他们一起工作了 6 年多，走遍了英格兰南部和威尔士，为土地的所有者和正在扩建的铁路绘制详细的地图。他们每天都会带着六分仪、测量标杆、测量链和旗帜出发，绘制田野、树林、道路和溪流的边界以及建筑物的位置。这项远离人群的工作和华莱士的性格十分契合。他喜欢在乡间工作，喜欢在山上漫步，喜欢呼吸新鲜空气。虽然他的收入只够日常开销，不过他学到的技能在几年后会派上用场。

华莱士开始对自然和科学产生浓厚的兴趣。他想进一步了解每天所见的各式花草树木，于是他开始采集植物标本。一整天辛劳的工作后，他会利用晚间辨识他寻来的宝贝，并把它们做成标本。大哥威廉觉得这完全是在浪费时间，但这会是华莱士日后所需的另一项技能。

然而，因为没有太多勘测任务，20 岁时，华莱士不得不离开哥哥，到莱斯特（Leicester）的一所男子寄宿学校当起了教师。极度内向的华莱士很快发现，教书并不适合他。那是一段相当不美好的经历，但也正是在那段日子里，他遇到了毕生的挚友亨利·沃尔特·贝茨（Henry Walter Bates）。出于对大自然的共同热爱，二人相谈甚欢，贝茨还向他介绍了收集甲虫的乐趣。华莱士满怀热情地给自己买了一本关于英国昆虫的书，还买了收集瓶、昆虫针和一个存放标本的木箱，他开始积极地收集昆虫标本。他被当地能找到的形状多样、颜色各异、种类繁多的甲虫所深深吸引。"为什么它们看起来如此不同？"他不禁深思，"它们都是从哪儿来的？"

教师的工作让华莱士有大把时间泡在图书馆，阅读他能找到的所有关于博物学的资料。在那个年代，大多数人都相信，地球上的动植物都是由神创造出来的。然而，

> "我开始不满足于只在本地收集甲虫，因为从中我已经学不到什么新东西了。我想仔细研究某一科（的甲虫），主要是为了以此了解物种起源的理论。"

一些博物学家提出了一个十分大胆的观点——生物会随着时间的推移而逐渐产生变化或进化。华莱士并不知道这种观点是怎么产生的，又因何而生，但这并不妨碍他为此着迷。

除此之外，他还喜欢阅读旅行者到异国他乡探险的书籍，他希望有朝一日，自己也能亲眼看一看那些热带世界的奇观。他对一位名叫查尔斯·达尔文的英国博物学家特别感兴趣，这个人刚刚结束了环游世界的长途航行。在英国皇家海军"小猎犬号"（HMS *Beagle*）上的 5 年航程中，达尔文收集了种类繁多的植物、动物、岩石和化石标本，此时的他正忙着记录自己的发现。从已灭绝的大地懒到海鬣蜥（*Amblyrhynchus cristatus*）和鸭嘴兽（*Ornithorhynchus anatinus*），达尔文在日记中对那些神奇的动物做了细致的描述，这抓住了华莱士的好奇心。

没过多久，华莱士就计划着和好友贝茨一起去鲜为人知的亚马孙丛林探险。那一年，华莱士 25 岁，贝茨 23 岁。与达尔文以及当时的大多数冒险家不同，这两位年轻人既没有家族财富的支撑，也没有上流社会友人的资助，因此他们必须另辟蹊径。

随着探险活动和贸易的普及，维多利亚时代的人们对异国野生动物产生了浓厚的兴趣，展示昆虫和鸟类标本的收藏品成为一种流行的消遣。收藏家们肯花大价钱购买真正的标本，即便是只有一点点大的昆虫也在所不惜。华莱士的计划是通过采集稀有和新品种的甲虫、蝴蝶和鸟类标本，将它们出售给英国的博物馆和热衷此道的业余爱好者来谋生。但最重要的是，他希望收集自己的藏品，并找到线索，帮助他理解物种是如何随时间而变化的。

华莱士和威廉曾在威尔士的尼思镇（Neath）担任测量员

英国，利物浦

登上"密思奇夫号"

华莱士和贝茨在伦敦碰头，为他们的长途航行做准备。他们购置了必要的装备，还参观了大英博物馆，对那些价值较高的昆虫和鸟类进行了素描和记录。博物馆向他们保证，亚马孙丛林有大量的稀有物种和新物种，他们可以通过出售收集到的标本来支付这次的开销。他们还找了一位名叫塞缪尔·史蒂文斯（Samuel Stevens）的博物经纪人替他们安排标本销售的相关事项，并帮他们在科学杂志上发表研究成果。他们二人的积蓄刚好够买两张名为"密思奇夫号"（*Mischief*）的小货轮的船票。

巴西，帕拉

1848年4月26日，他们从利物浦启航，前往南美洲的巴西。经过32天的长途跋涉，他们在5月28日抵达了巴西的贸易港口帕拉（Pará，现在的贝伦市），那是通往亚马孙丛林的大门，也是他们伟大冒险的开端。

标本剥制工具

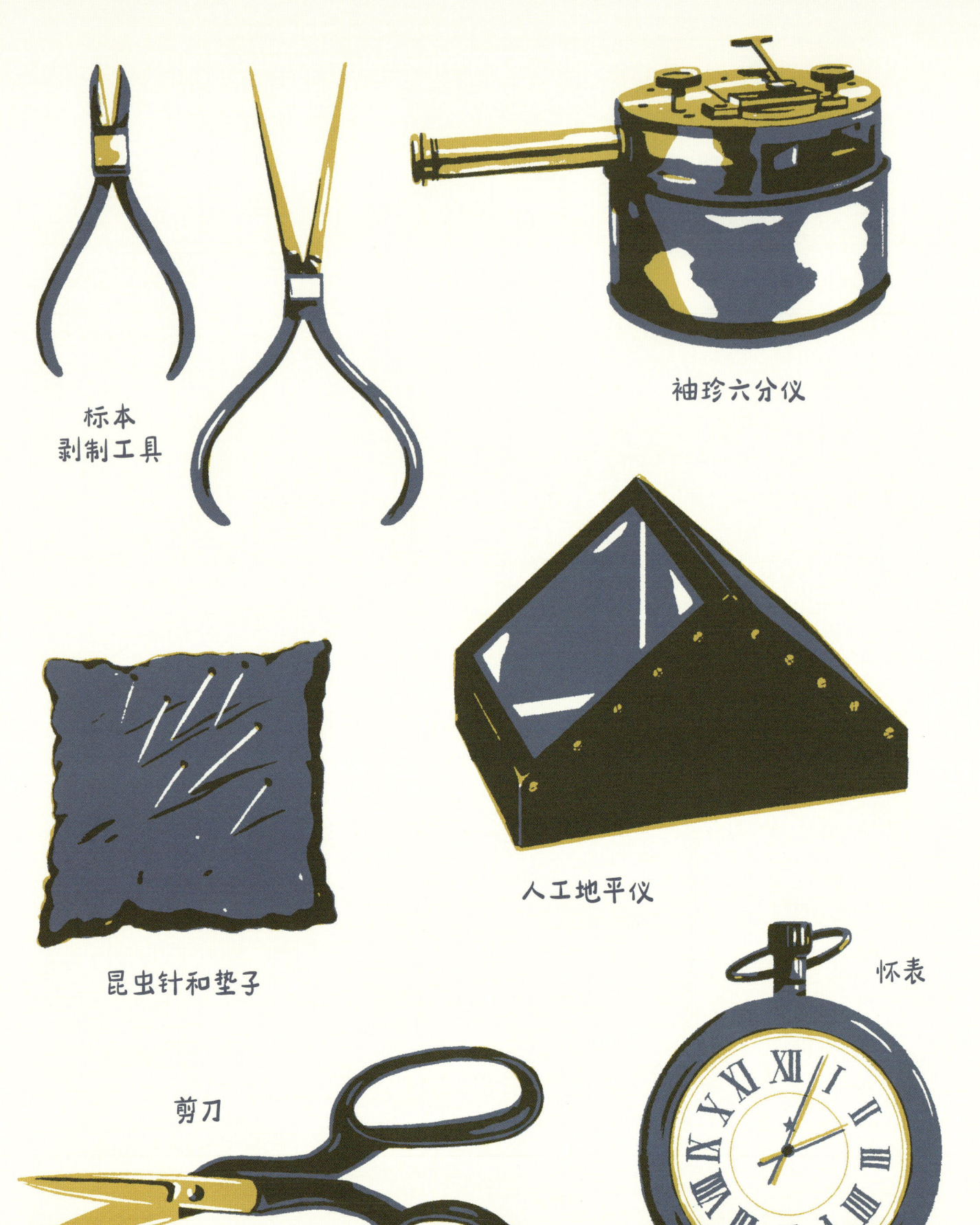

袖珍六分仪

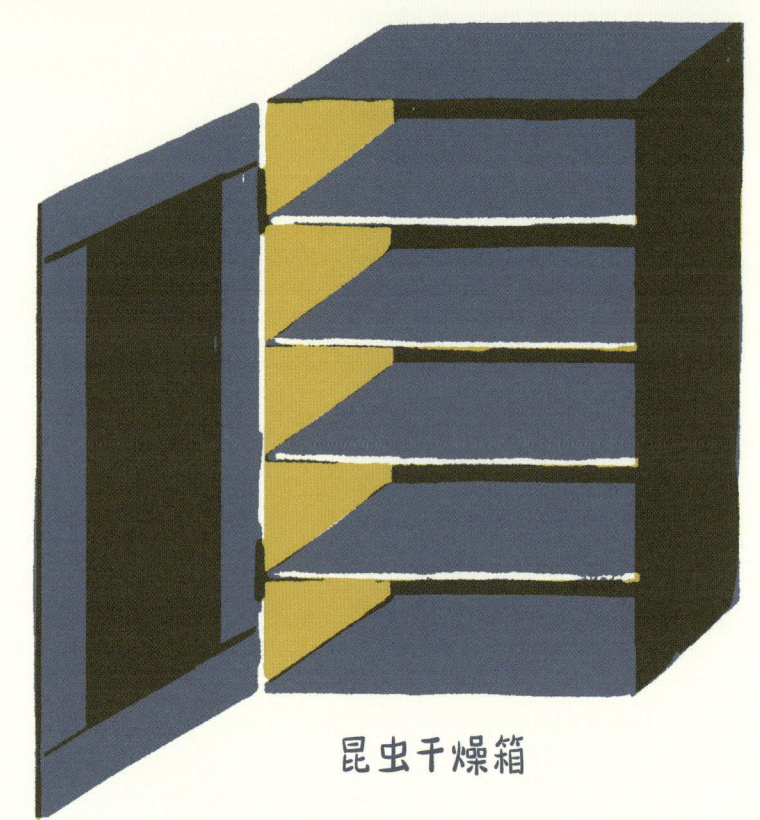

昆虫干燥箱

昆虫针和垫子

人工地平仪

风干蝴蝶的标本板

剪刀

怀表

镊子

采集者的工具

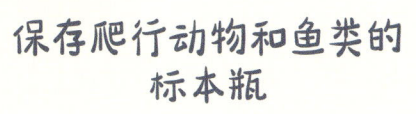

捕虫网

放大镜

内衬软木的小收集箱

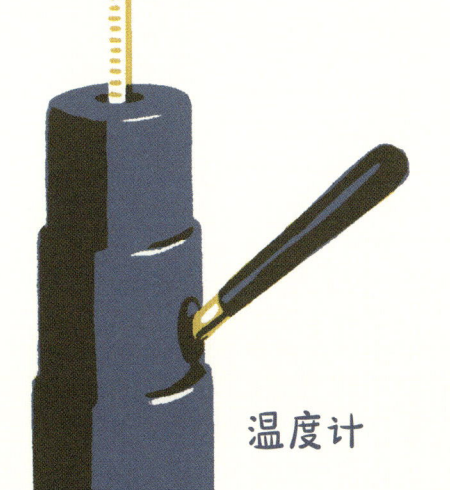

晴雨表

保存爬行动物和鱼类的标本瓶

温度计

棱镜罗盘

鸟笼

提灯

初入丛林

两位年轻的探险家在帕拉郊外租了一栋舒适的房子,房子有个大阳台,他们可以坐在那里工作。他们请了一位厨师,还买了一张桌子、几把椅子和几张吊床。带上捕虫网、瓶子和收集箱,他们开始探索附近的丛林,寻找稀有的甲虫、艳丽的蝴蝶和奇异的鸟类。他们希望能够找到很多以前在欧洲从未见过的新物种。

亚马孙热带雨林苍郁茂密。那里的棕榈树种类繁多,巨大的攀缘植物挂在树杈上,葡匐植物大而发亮的叶子向着太阳生长。起初,华莱士有一点儿失望。他本以为会看到那些旅行者描绘出的生动画面——林间有不计其数的艳丽鹦鹉,猴子们在树杈间跳来跳去。不过,慢慢地,他学会了倾听森林的声音,并仔细寻找隐藏在巨大树木根部和茂密树冠中的生物。

两位采集者很快就有了严格的作息安排。黎明时分,他们会先花两个小时寻找鸟类的踪迹,欣赏清晨晴朗的天空,呼吸凉爽的空气。吃过早餐后,从上午 10 点到下午 2 点是他们搜寻甲虫和蝴蝶的时间。每一只被捕获的昆虫都会被钉好再装进收集箱。每天下午的热带阵雨会迫使他们休息几个小时。下午 4 点吃晚餐,7 点再简单地吃些东西。晚上则用来制作和标记所有标本。没过多久,走廊里就摆满了各种各样的动物,其中包括一只毛茸茸的捕鸟蛛、一只睡不醒的树懒和一条蟒蛇。据华莱士说,这条蟒蛇发出的声音听起来就像"行驶在大西部铁路线上的火车头正在喷出高压蒸汽"。

每天的发现都令华莱士感到兴奋,他在日记中详细记录了自己的观察成果,并配以详尽的草图。他常把丛林中喧嚣的"大合唱"比作家乡工厂和蒸汽机发出的声音。他特别喜欢黄昏时分的蛙叫声,它们接替了蝉鸣和猴子们的嚎叫,宛如一场音乐会。"时常能同时听到这三种动物的声音,"他在笔记中写道,"能听得出其中一种是青蛙的叫声——那是凄凉的咕呱声,但另外两种不像动物发出的声音……更像是远方的火车渐渐驶近,以及铁匠在铁砧上敲打的声音。"他还把清晨长尾鹦鹉在树上的叫声比作"上百把磨刀机在全力工作"。

当他们探索遍了帕拉周围的地区,华莱士和贝茨就开始向更远的地方进发,进行更长时间的探险。他们或顺流而下,或逆流而上,偶尔在沿途的村庄、种植园和牧场驻足。正如他们所希望的那样,他们的藏品数量迅速增长,其中不乏许多科学界未曾发现的昆虫。两个

> "在所有关于博物学的著作中,我们总能看到动物在适应不同食物、习性和栖息地方面奇妙的细节。但如今博物学家们不再受限于这些条件,他们相信,一定还有其他一些原则控制着动物物种的无限多样性。"

月后，他们把第一批货寄给了远在英国的博物经纪人——1000多个不同品种的甲虫和蝴蝶，都被扎上了昆虫针并贴上标签，装进了大木箱里。这些藏品将被出售给博物馆和收藏家，得到的资金将支撑华莱士和贝茨继续探险。

华莱士在帕拉近郊的房子

"这里的壮观和丰硕不会让任何一个人感到失望:一层层的枝叶遮天蔽日,即使是热带的阳光也很难射入一缕;树木高大粗壮,大多数都像巨大的柱子一样,有100英尺(约30米)甚至更高,却没有一根枝杈;一些树木周围有奇怪的板状根,另一些树长着多刺或有沟的茎,缠绕在它们周围的是奇怪甚至不同寻常的匍匐植物和攀缘植物……观赏者所产生的崇拜感和敬畏感不可言宣。"

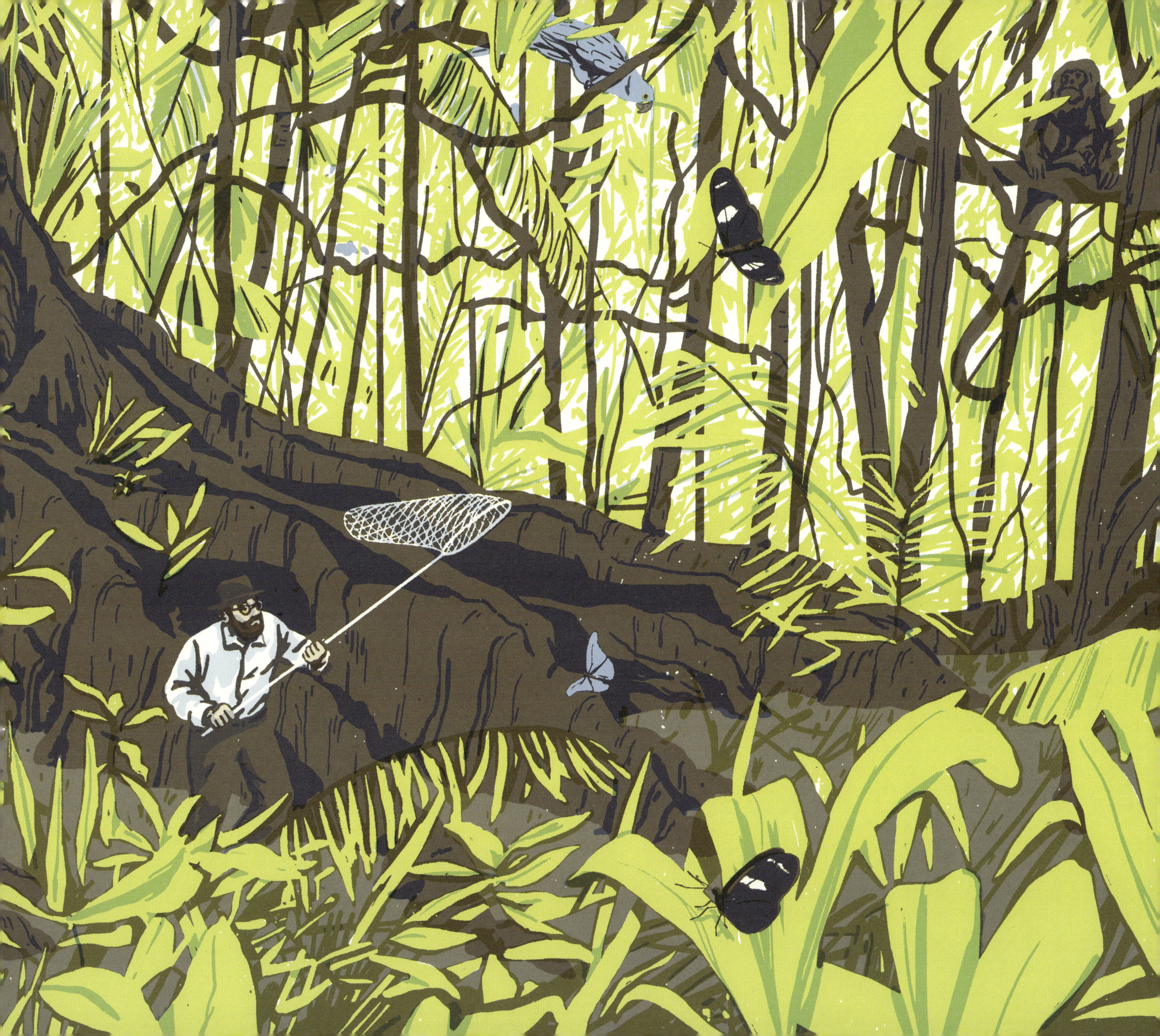

沙菲蓝蛱蝶（雌性）
Callithea sapphira

内格罗河

巴拉

朱履蛱蝶
Biblis Hyperia

沙菲蓝蛱蝶（雄性）
Callithea sapphira

塔帕若斯河

沿亚马孙河航行

一起探索了几个月之后，华莱士和贝茨分别前往不同的地区采集标本。华莱士的计划是沿着亚马孙河航行，然后进入内格罗河（Rio Negro）最远端的河段，欧洲人几乎不曾涉足那里。他的弟弟赫伯特厌倦了家乡工厂单调乏味的工作，便前来参加这次探险。

1849年8月，兄弟俩找到了一艘小型商船，其目的地正是亚马孙流域的城镇圣塔伦（Santarém）。这艘船的甲板漏水，还有浓重的鱼腥和兽皮的气味，但华莱士觉得"亚马孙河上的旅行者绝对不能挑剔"。他们勇闯急流，在河口处的狭窄水道和岛屿构成的迷宫中缓缓前行。当风力减弱时，船员们不得不奋力逆流划桨，有时甚至要在岸上用绳索拉船前进。

28天后，他们来到了亚马孙河与塔帕若斯河交汇处的圣塔伦，那里的房屋被粉刷成白色，屋顶则由红瓦覆盖。正值旱季，雨水很少，碧空如洗，华莱士迫切地想要探索这片区域。兄弟俩在一间小泥屋里安顿下来后，就开始了采集工作。他们有时沿着河岸探索，有时深入森林。树林里蝴蝶的数量很多，但很难捕捉，它们总栖息在树的高处。每次有所收获华莱士都兴奋不已，这些昆虫奇妙的色彩令他着迷，他用"金光闪闪，闪耀着最夺目的金属光泽"来形容它们。当时，最稀有的和最漂亮的昆虫能在收藏家中卖出高价。为了获得更多资金，又有3箱蝴蝶标本、1

亚马孙河　　　　　　　　　　大西洋

红带袖蝶
Heliconius melpomene

帕拉

托坎廷斯河

圣塔伦

个小鳄鱼标本及其他标本被运往英国出售。

华莱士在给他的标本贴标签时总是非常细心，他会记录下它们被发现的地点。在亚马孙河两岸采集时，他注意到宽阔的河流形成了一道屏障，河两岸猴子的品种各不相同。一些鸟类和蝴蝶也是如此。而直到几年后，他在另一个地方采集标本时，这一观察结果的意义才清晰地显现出来。

11月初，持续不断的降雨使林中采集变得愈发困难，兄弟二人准备继续沿着亚马孙河向内格罗河方向行进。他们收集食物，修理漏水的独木舟，还招募了当地人帮他们行船和搬运装备。尽管备受倾盆大雨和成群结

"在一些地方发现的鸟类和昆虫，在相距不到50英里（约80千米）或100英里（约160千米）的另一个地方却常常毫无踪迹。一定有某种边界限定着每个物种的分布范围，或者有某种外部的特征来标记彼此的界线。"

队的蚊子的折磨，他们还是缓慢而稳步地前进着，偶尔在沿途的村庄稍作停留，不过逆流而上的时间总比顺流而下的时间更多。1849年12月31日，他们终于到达了亚马孙河与内格罗河的交汇处——巴拉镇（Barra，现在的马瑙斯市）。

17

探索内格罗河

华莱士和弟弟在巴拉待了 8 个月,可是他们收获的昆虫和鸟类相当令人失望。唯一有价值的发现是一种罕见而奇特的伞鸟,那是他们在河中的岛屿上发现的。它的羽毛黑得像乌鸦,胸前垂着一个长长的肉垂,头顶还有一个像伞一样的羽冠。

到夏天快要结束时,他们从英国获得了一笔资金,华莱士决定沿着内格罗河继续他的旅程,而他的弟弟却选择返程回家。赫伯特觉得自己并不适合艰苦的采集生活,他更喜欢写诗,而不是寻找蝴蝶和鸟类。但遗憾的是,几个月后,华莱士发现弟弟并没有回到家中,而是死于一种由蚊子传播的热带疾病——黄热病。

1850 年 8 月 31 日,华莱士乘坐当地商人若昂·安东尼奥·德利马(João Antonio de Lima)的船离开巴拉,往内格罗河上游进发。这艘船上载满了给当地居民的食品和商品——鱼钩、纽扣、针线、斧头和大包的棉花。这是一艘大型独木舟,甲板粗糙,由棕榈木制成,棚顶是弯曲的茅草,在一个又一个的木箱之间仅剩坐卧的空间。在巴西待了两年多后,华莱士终于来到了一直向往的亚马孙丛林未知地带的边缘。

内格罗河的河水漆黑如墨,看起来与裹挟着黄色淤泥的亚马孙河截然不同。散布着岩岛的河道迂曲蜿蜒,和连绵不断的森林融为一体。最重要的是,这里没有蚊子,华莱士可高兴坏了!

不久后,景色开始变化,茂密的丛林上方显露出几座岩石山峰。一连串的急流、瀑布和危险的漩涡使得航行变得更加困难,他们只得换乘几条小型独木舟。船员们不得不奋力地逆流划桨,沿着蜿蜒曲折的河道行进,还要时不时地从独木舟上下来,徒手将船拉过狭窄的水道。哪怕是在众人都感觉挫败的时候,华莱士仍然充满希望和热情。他这样写道:"灿烂的阳光、波光粼粼的河面、奇形怪状的岩石和道路崎岖且树木丛生的岛屿,观察它们是乐趣也是享受。"

一种罕见的伞鸟

> "巨大的漩涡足以吞没大型独木舟。河水如海浪般翻滚,每隔四五十英尺(十几米)就有浪花跃向空中,仿佛水底发生了大爆炸。"

"其中三处（急流）湍急异常，船员们不得不从独木舟上下来，再把船拖拽过高低不平的岩石河滩。最后那处（急流）地势最高，河水从约20英尺（约6米）高的陡坡上呼啸着奔流而下。"

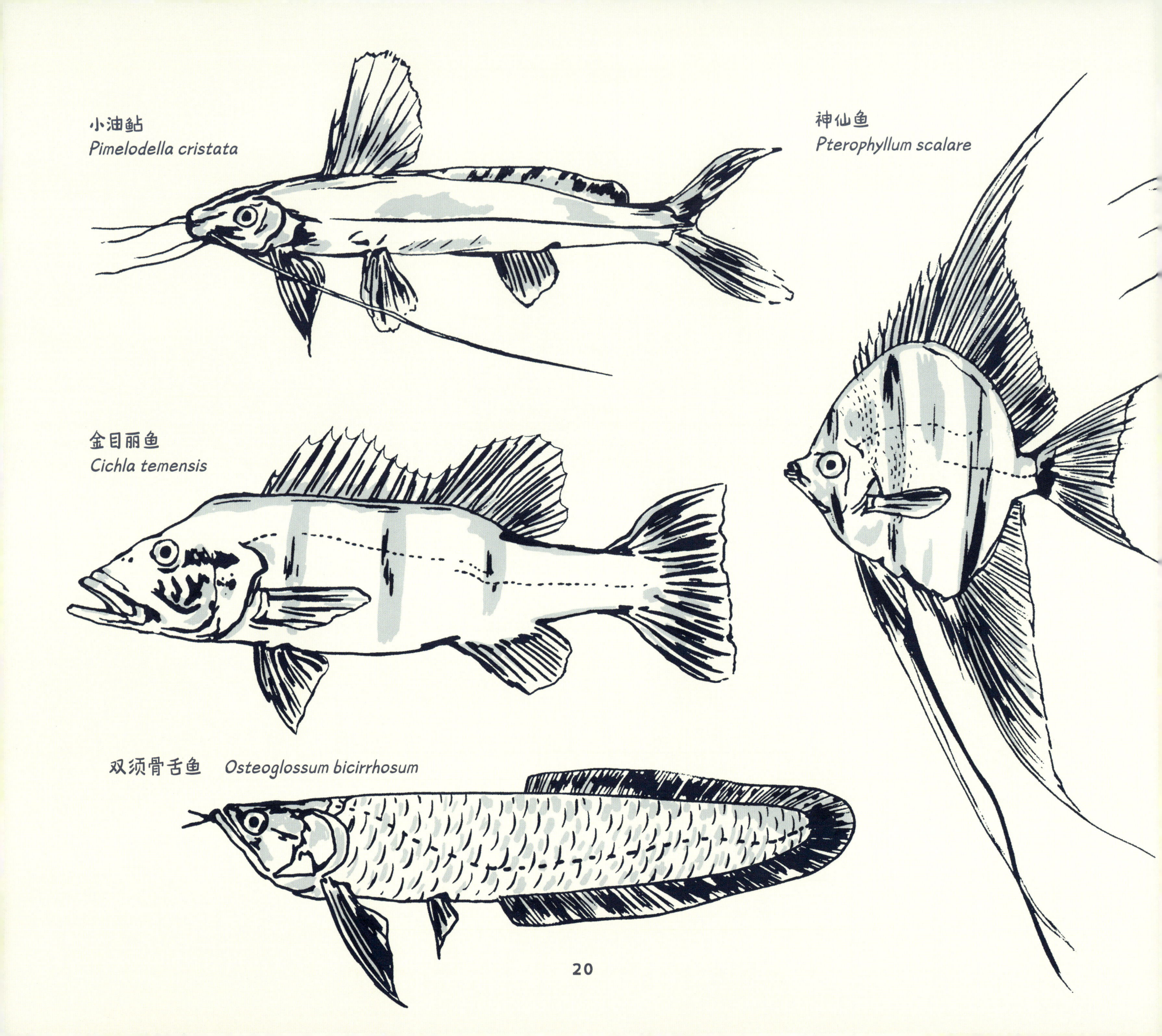

小油鲇
Pimelodella cristata

神仙鱼
Pterophyllum scalare

金目丽鱼
Cichla temensis

双须骨舌鱼　*Osteoglossum bicirrhosum*

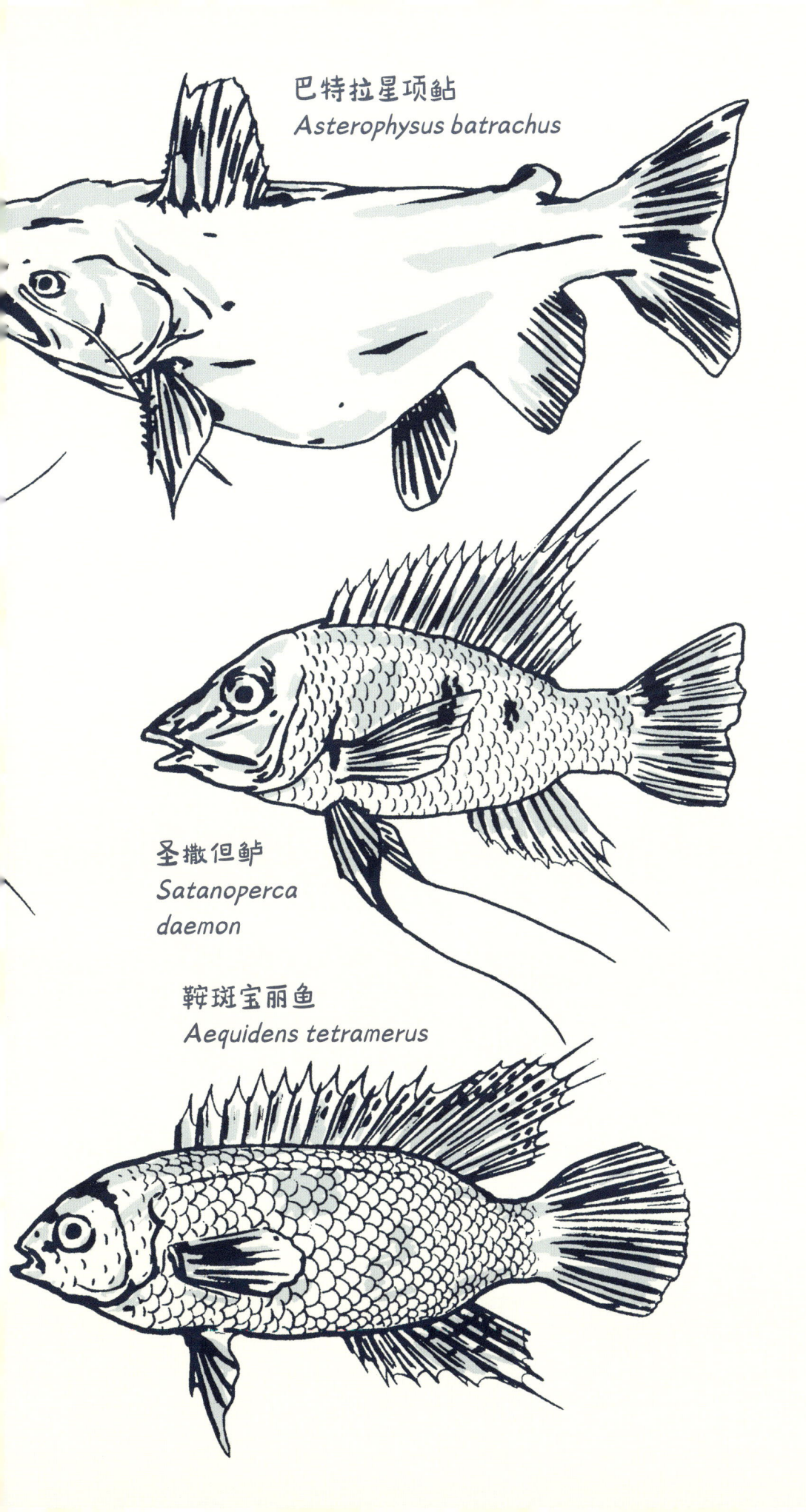

巴特拉星项鲶
Asterophysus batrachus

圣撒但鲈
Satanoperca daemon

鞍斑宝丽鱼
Aequidens tetramerus

在河上航行的日子里，华莱士的兴趣渐渐转向从河里捕捞上来的各种各样的鱼。它们奇特的形状和花纹深深吸引着他——一些鱼有着长而尖的刺，一些鱼长着古怪的斑纹或巨大的鳍，还有一些鱼在遇到危险时会像个球一样膨胀起来。华莱士着迷于研究不同河流中鱼类种群间的差异。他看到了物种分布的方式，却无法解释其中的原因。

> "仅在内格罗河，我就发现了205种鱼，我敢肯定，这些鱼只是那里现存鱼类的一小部分。作为一条黑水河，这条河中的大多数鱼类与亚马孙河中的不同。事实上，在每一条支流以及同一条河的不同部分，鱼的种类都不尽相同。"

两个月后，就在1850年10月24日，他们来到了商人德利马先生居住的小村庄。那里的人们告诉华莱士，他想待多久就待多久，还借给了他一只独木舟去探索这个地区。不久，他和几个当地人就开始了短途探险。他们沿着溪流进入森林，攀登陡峭的岩石山峰。在当地人的帮助下，华莱士发现了一种十分华美的鸟，他将它的羽毛比作"一簇灿烂的火焰"。这是一只罕见的圭亚那动冠伞鸟（Rupicola rupicola），它正要到山洞里交配繁殖。为了赢得雌性的青睐，雄鸟们轮番起舞，展示它们美丽的羽毛，华莱士很庆幸自己能够观察到这些不寻常的鸟类在野外的行为。

1月底，雨季来临，华莱士决定继续他的探险。这一次他轻装上阵，只带了捕虫网、一个收集箱、一些科学仪器，以及可以用来交换食物或稀有标本的物品。然而这一路却是困难重重：凶险的急流、漏水的小船，还有蜇人的蚁类、咬人的蝇类和吸血的蝙蝠。尽管如此，华莱士还是愿意和丛林深处的原住民在一起，进一步了解他们的生活方式。当地人稳定的族群结构以及与大自然和谐相处的能力深深地吸引着他。华莱士自然也是众人好奇的对象，他皮肤苍白、鼻梁上架着眼镜，还有古怪的收集习惯。他曾写道："上百双明亮的眼睛从四面八方看向我，毫无疑问我是话题的中心。"华莱士在饮食上也颇具冒险精神，一些当地菜肴都被他添进了日常的食谱。他发现刺豚鼠（野生豚鼠的亲缘物种）的肉又老又柴，但炸猴肉尝起来"有点像兔肉"，他十分喜欢。此外，鳄鱼尾巴、炖乌龟和烤蟒蛇也是当地很受欢迎的菜肴。

此地蝴蝶种类繁多，华莱士惊讶于森林中竟有如此多品种的蝴蝶。他还遇到了一些从未见过的动物，比如许多美丽的热带鸟类和毒蛇，甚至还遇到了他心心念念的动物——一只漂亮的黑美洲豹。华莱士并没有被那次相遇吓到，反而对这样一只令人印象深刻的生物感到钦佩。"它在路中央停下，转过头来，盯着我看了一会儿。"他写道，"但我想它还有其他事要做，所以它迈着稳健的步子走开了，消失在灌木丛中。"

在内格罗河上航行时，华莱士利用当测量员时所学的技能和几件简单的科学仪器，精准地绘制出了该河道的第一张详细地图。只凭借罗盘和六分仪，他就能准确定位河中的不同位置。在茂密的丛林中无法看到地平线，他就用人工地平仪中的一小盘液体来显示太阳和星星的倒影，进而测量它们在天空中的方位。他用怀表记下独木舟从一个点到另一个点的时间，从而计算距离。此外，熟知河道地形的当地人也提供了宝贵的信息。

1852年3月，华莱士似乎患上了疟疾，持续发热。已离家4年的他无比想念家人和英国的绿色田野。他带着许多盒标本以及大量的活体猴子、鹦鹉和其他非常吵闹的动物，踏上了返程的漫漫之旅。22天后，也就是1852年7月2日，他抵达了帕拉，准备启航返回家乡。

> "在这里可以找到最稀有的鸟类、最可爱的昆虫、最有趣的哺乳动物和爬行动物。这里潜伏着美洲豹和红尾蚺，在密林深处还有叫声嘹亮的钟雀。"

内格罗河
观测成果

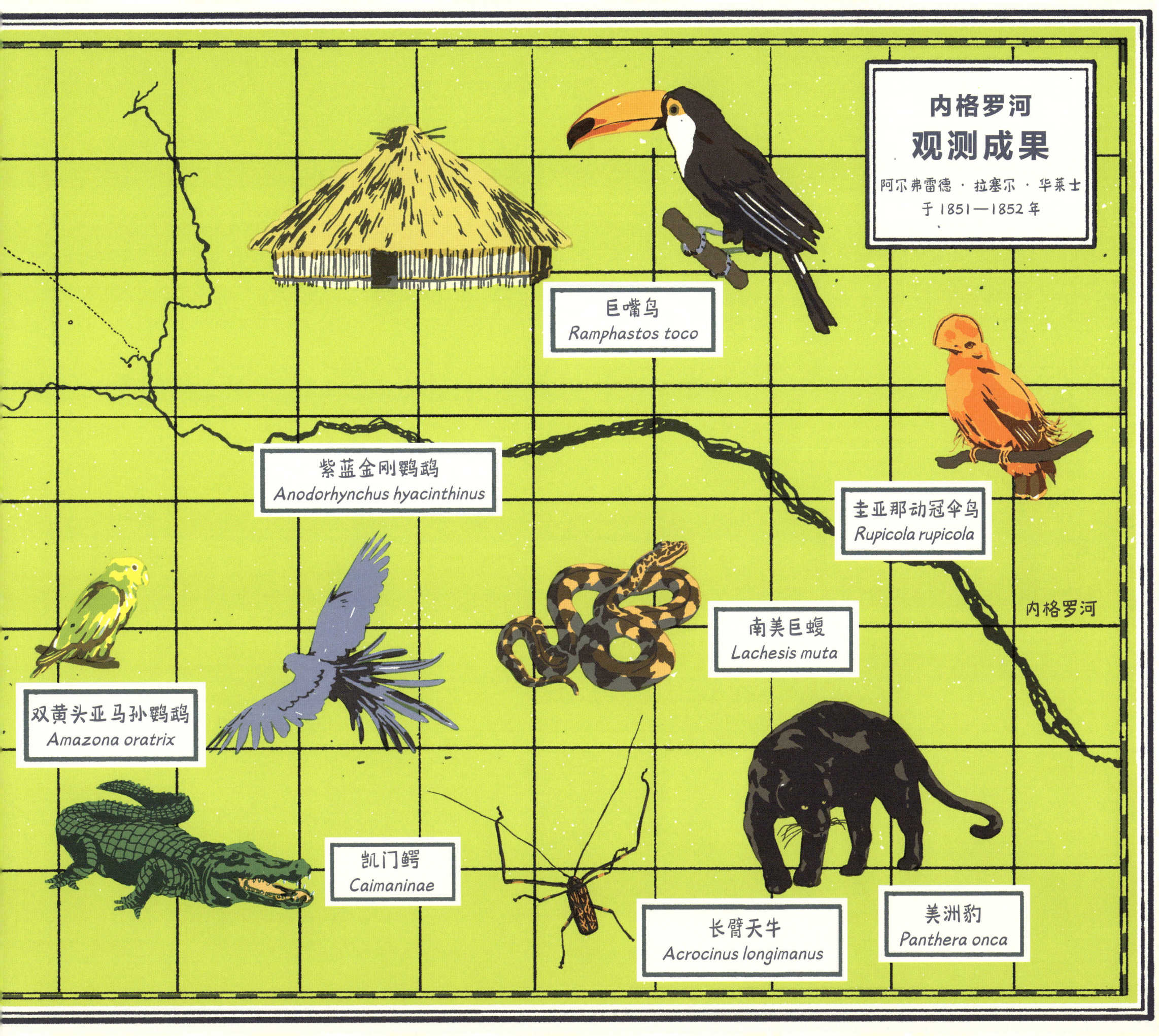

阿尔弗雷德·拉塞尔·华莱士
于 1851—1852 年

巨嘴鸟
Ramphastos toco

紫蓝金刚鹦鹉
Anodorhynchus hyacinthinus

圭亚那动冠伞鸟
Rupicola rupicola

南美巨蝮
Lachesis muta

双黄头亚马孙鹦鹉
Amazona oratrix

凯门鳄
Caimaninae

长臂天牛
Acrocinus longimanus

美洲豹
Panthera onca

内格罗河

船只失事

1852 年 7 月 12 日，华莱士向着帕拉的白色房屋和摇曳的棕榈树挥手作别，带着他收集到的标本和活体动物登上了"海伦号"（Helen）。这艘船上装载着大量橡胶、可可豆、棕榈木和香脂（一种用于制作清漆的树脂）。华莱士是船上唯一的乘客，他病得很重，发着烧，还晕船，一直在自己的舱房里卧床休息，每次的颠簸都会让他更加难受。启程 26 天后，船行至大西洋中部，灾难降临了！刚吃过早餐，船长就冲进华莱士的船舱，说船着火了。那批高度易燃的香脂因储存不当起火了。一番努力的救火之后，船长不得不下令弃船。华莱士挣扎着冲回烟雾弥漫的船舱里去抢救他的手表和一个锡制的箱子，里面装着里约热内卢的地图、一些动植物素描、几件衬衫和他仅有的一点儿钱。

船员们将两艘救生艇放入水中，并在救生艇内装满了面包、腌肉、饼干和几桶水。华莱士身体虚弱，感觉很不舒服，他从绳子上滑下，跌跌撞撞地上了其中一艘救生艇。由于长时间在热带阳光下暴晒，救生艇有些漏水，几个人只得不停地用水桶往外舀水。他们在着火的货船旁停了整整一晚，希望大火能引着过往船只前来救援。而华莱士只能眼睁睁地看着他珍藏的数千个昆虫和鸟类标本"在海上不断翻腾的火焰中"燃烧起来。性格使然，他保持了冷静和沉着，把他失去的一切抛诸脑后。毕竟，所有人都活了下来。经过一夜漫长的等待，他们开始朝着 1000 多千米外最近的陆地航行。

又在海上漂流了数日，他们的皮肤被烈日灼伤，还饱受浪花的洗礼。浪很高，一阵阵强风时常令救生艇倾翻，十分危险。即使在这样绝望的时刻，华莱士仍对大自然充满好奇，他欣赏着在海浪间跳跃的飞鱼，带着美丽金属色泽的海豚跃出海面，海鸟张开宽阔的翅膀，在海面上盘旋。他还喜欢看夜空中的流星。后来，他曾回忆道，还有什么地方比"仰躺在大西洋中的小船上"更适合观察它们呢。

经过10天的漂泊，他们终于被一艘名为"乔德森号"（Jordeson）的船救了下来，这是一艘从古巴驶往英国的老旧货船，上面满载着沉重的木材。然而命运多舛，华莱士的麻烦并没有结束！旅途漫长，食物短缺，他们的饮用水也快喝完了。接近英格兰海岸时，这艘船又遭遇了一场猛烈的风暴，险些沉没，海水时不时漫上腐朽的甲板。情况凶险异常，船长睡觉时都要在床边放一把斧头，随时准备砍断桅杆以免翻船。终于，在经历了80天极其艰难的航行后，他们于1852年10月1日到达了英国肯特郡（Kent）的迪尔（Deal）。除了身上的衣服和从大火中救出的锡制箱子外，华莱士一无所有，他发誓再也不出海冒险了。可是回到家还没几天，他就盘算起了下一次探险。

> "一切都没了，没有一样东西能展示我踏足过的那些未知土地的样子，也没有一样东西能帮我回忆起曾经见过的野外景象！"

"此时的场面颇为壮观,甲板已尽数烧毁,当它(船只)随着海浪上下颠簸时,能看到它装载着一船流动的火焰——仿佛一个燃烧的火炉正在海中翻腾。"

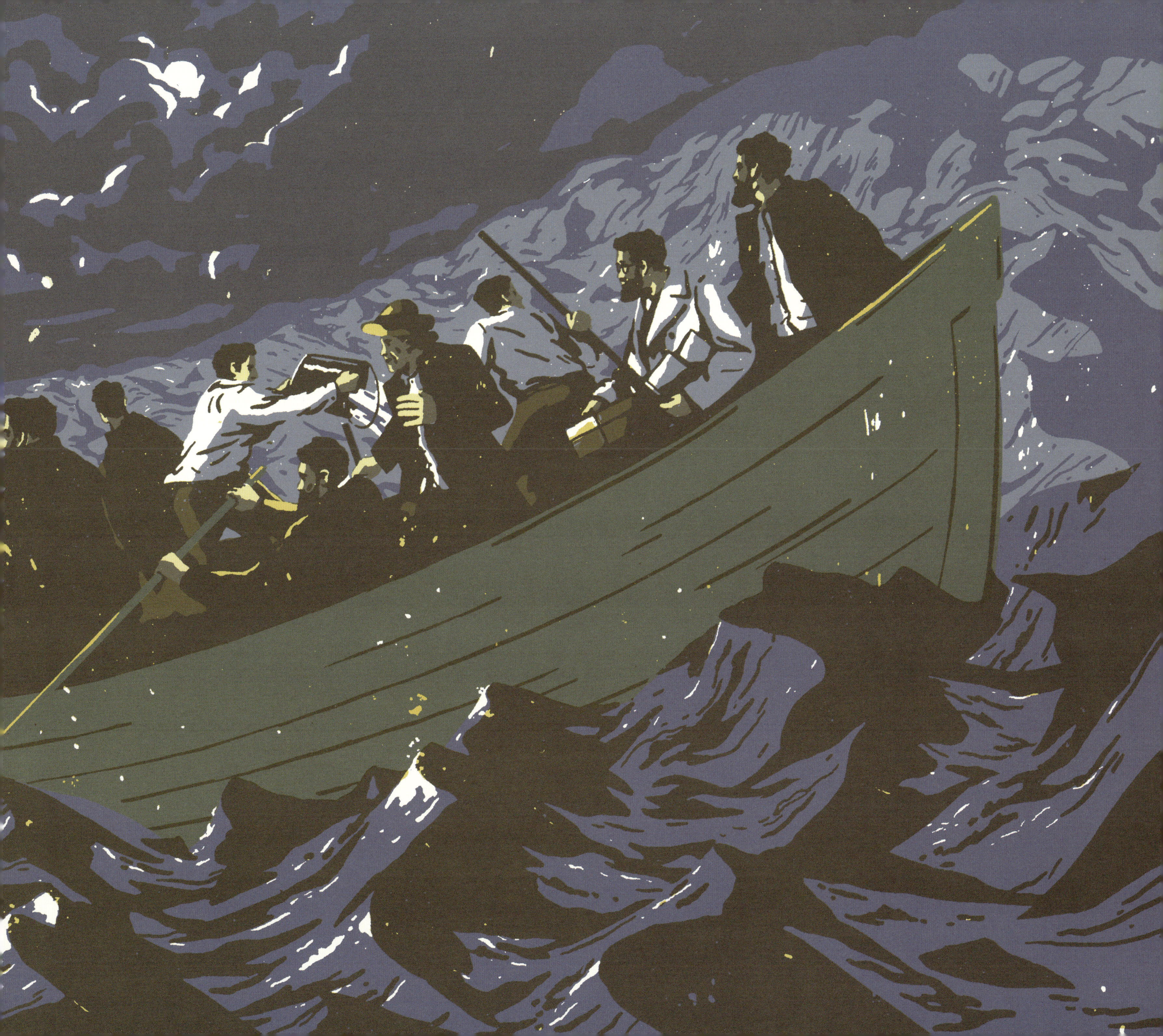

重返英国

华莱士抵达肯特郡后,他的经纪人史蒂文斯去接了他。华莱士做的第一件事就是买衣服,并请裁缝做了一套新装。幸运的是,史蒂文斯为这批烧毁的藏品买了保险,而且当初寄回的那部分标本售卖后还剩下一些钱。华莱士在紧邻伦敦动物园的摄政公园(Regent's Park)附近租了一套房子,就这样,他有了一个舒适的新家,安顿了下来。

英国人对博物学的兴趣日渐增长,人们渴望了解异国的野生动物和遥远的地方。华莱士动笔写起了他的第一本关于棕榈树的书,他把海难中留存的精细素描放到了书中。随后,他又出版了第二本书,是关于亚马孙旅行和观察记录的。

华莱士的成就逐渐得到了认可,常有科学家邀他见面。这也为他日后的探险赢得了不小的支持。他甚至有幸和给了他莫

查尔斯·达尔文 英国博物学家,在乘坐"小猎犬号"航行的5年间,他探索了地球上最偏远的一些地方,收集了大量的植物、动物、岩石和化石标本。

查尔斯·莱尔(Charles Lyell) 英国地质学家,他认为岩石的形成和侵蚀都是地质作用造成的,地质作用在漫长的历史中慢慢起作用,逐渐改变了地球表面的特征。他是早期提出这种理论的人之一。

大启发的查尔斯·达尔文进行了一次短暂的会面。那一年，达尔文44岁，与妻子和孩子们在乡下的大房子里过着富足的生活。那时的达尔文已经是公认的博物学家，他正忙于研究他在"小猎犬号"航行期间收集的化石和标本，并将他的发现编纂成书。

在英格兰待了一年多后，华莱士计划到马来群岛进行新的探险。马来群岛由分布在印度洋和太平洋之间的两万多个岛屿组成，也是极为荒芜、鲜少有人探索的地区之一，这里以丰富的野生动物而闻名。为了知道要寻找什么，华莱士研究了大英博物馆现有的鸟类和昆虫藏品，并记录了较为稀有和价值较高的标本。经多次申请，这一次，华莱士从英国皇家地理学会获得了一张头等舱船票，他将乘坐现代明轮船前往新加坡。他终于不用再坐破旧又漏水的货船旅行了！他还聘请了一位名叫查尔斯·艾伦（Charles Allen）的年轻助手陪同他旅行，并协助他完成一部分工作。

约瑟夫·胡克（Joseph Hooker） 英国植物学家，为了采集植物，他的足迹遍布从南极到喜马拉雅的广大地区，他发现了许多科学上的新物种。后来，他成了伦敦邱园（英国皇家植物园）的主管。

托马斯·赫胥黎（Thomas Huxley） 英国博物学家，他在皇家海军"响尾蛇号"（HMS *Rattlesnake*）上做助理外科医生时，对海葵、水母和其他海洋无脊椎动物产生了极大兴趣。

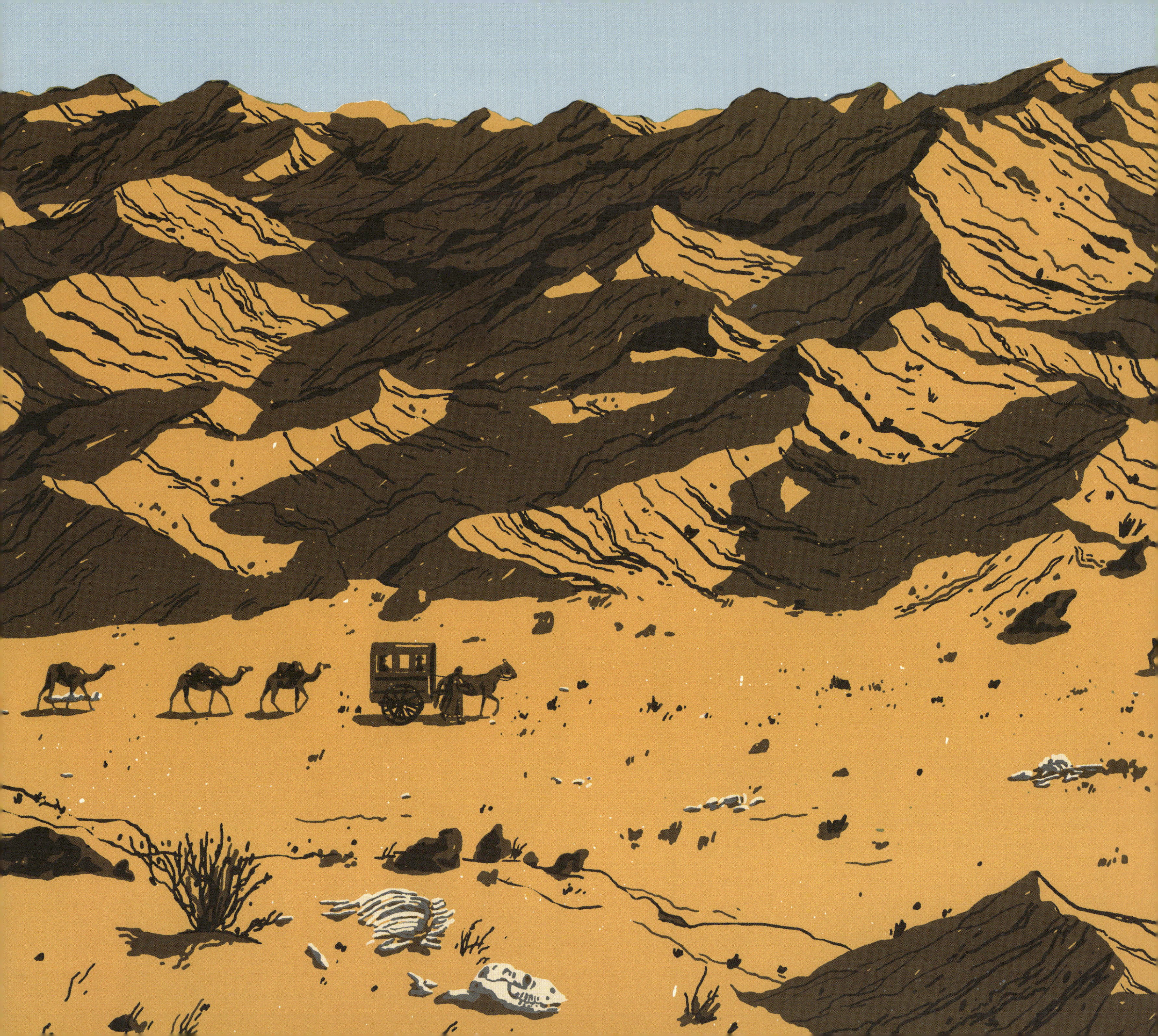

新的探险

1854 年 3 月 4 日, 华莱士和查尔斯·艾伦乘坐"黑海号"(*Euxine*)从朴次茅斯(Portsmouth)出发前往新加坡。途中,他们先是搭乘驳船沿尼罗河短途航行,又乘坐马车穿越沙漠,后来又换了两次船,整个行程耗时共计 45 天。沿途,华莱士看到了许多新奇的事物,特别是埃及金字塔和有着骆驼队的广阔沙漠,他激动万分。最后,在一次景色宜人且旅途舒适的航行后,他们于 1854 年 4 月 18 日在新加坡岛登陆。

栗喉蜂虎
Merops philippinus

"它像燕子一样优雅，飞行速度却不如燕子，喜欢在枝头盘旋，然后停留在树枝上。"

猩猩 Pongo

"它从不蹦跳或慌忙赶路，但仍能轻松达到人类在林地里竭力奔跑的速度。"

新加坡

苏门答腊岛

爪哇岛

翠叶红颈凤蝶
Trogonoptera brookiana

"这种美丽的生物长着又长又尖的翅膀……它有着深天鹅绒般的黑色。"

马来群岛

华莱士要在马来群岛迷宫般的岛屿间探索近 8 年，寻找稀有甲虫和鸟类，为他的旅行筹措资金。而他的主要目的是解答自己思索多年的问题：为什么会有这么多不同的动物物种，它们是如何出现的？

抵达马来群岛时，华莱士 31 岁，那时的他已是资历颇丰的收藏家了。在这次探险中，他会在诸岛间穿梭数千千米，收集超过 125000 个甲虫、鸟类、哺乳动物和爬行动物的标本。

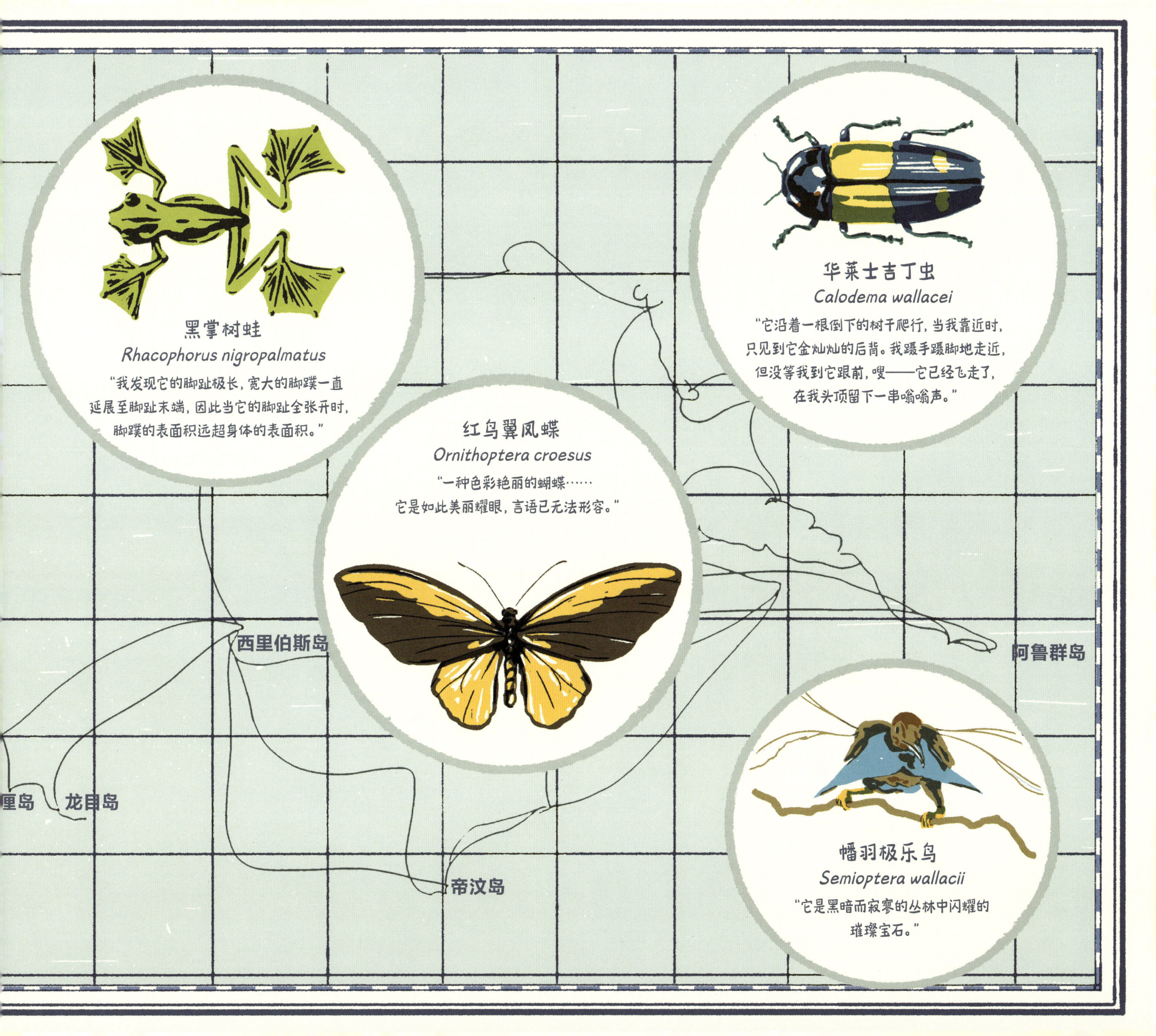

黑掌树蛙
Rhacophorus nigropalmatus
"我发现它的脚趾极长，宽大的脚蹼一直延展至脚趾末端，因此当它的脚趾全张开时，脚蹼的表面积远超身体的表面积。"

华莱士吉丁虫
Calodema wallacei
"它沿着一根倒下的树干爬行，当我靠近时，只见到它金灿灿的后背。我蹑手蹑脚地走近，但没等我到它跟前，嗖——它已经飞走了，在我头顶留下一串嗡嗡声。"

红鸟翼凤蝶
Ornithoptera croesus
"一种色彩艳丽的蝴蝶……它是如此美丽耀眼，言语已无法形容。"

幡羽极乐鸟
Semioptera wallacii
"它是黑暗而寂寥的丛林中闪耀的璀璨宝石。"

西里伯斯岛

阿鲁群岛

厘岛　龙目岛

帝汶岛

新加坡与伐木人

华莱士马来群岛之行的前几个月是在新加坡度过的。他喜欢这座港口城市的熙熙攘攘，闹哄哄的市场里挤满了来自世界各地的街头小贩、商人和水手。在这里可以买到许多新奇有趣的东西——从最好的丝绸到古老的中药再到奇异的昆虫，不一而足。岛上其他地方都是茂密的热带丛林。华莱士下定决心要采集这里的甲虫，因为它们在大小、形状和颜色上存在巨大的差异性和多样性。他需要大量采集，以便观察物种内部和物种之间的细微差异。新加坡是一个很好的起点，当时人们为了获

取木材，并为种植园腾出空间，砍伐了部分森林。华莱士知道，这些地区正是捕猎甲虫的理想场所，因为腐烂的木材和锯末能为幼虫们提供充足的食物。

华莱士很高兴自己又开始了采集工作。他会在五点半起床，洗个澡，再喝杯咖啡，然后花些时间整理标本。与此同时，查尔斯会修补捕虫网，再把小垫子上扎满昆虫针，为当天采集昆虫做好准备。8点吃早餐，然后华莱士和助手会带着捕虫网、标本瓶和收集箱前往森林。他们会花数小时追捕蝴蝶，在腐烂的木头下寻找有趣的甲虫。下午3点以前，他们会将捕获的昆虫进行保存处理并贴上标签。4点钟，大汗淋漓的两个人会换上干净的衣服，然后吃饭。晚上也有很多的工作要做，要忙到9点才能上床睡觉。第二天，他们又会重新开始忙碌。

短短两个月的时间，华莱士和他的助手就成功收集了700多种不同外形和大小的甲虫，其中一些有很长的触角，还有一些带有漂亮的金属色。华莱士很兴奋，因为这些能在国内的收藏家中卖出好价钱，而且他的个人收藏也添加了许多新物种。

岛上几乎没有鸟类和哺乳动物，但在森林里经常能看到老虎，猛兽袭击人类的新闻屡见不鲜。一想到老虎随时可能突然扑到他们身上，华莱士有点儿惴惴不安。除此之外，他们还有落入捕虎陷阱的危险，种植园的工人们在那些陷阱上铺满了树枝和树叶，路人很难发现下面隐藏的危机。华莱士多次听到过老虎的吼声，但遗憾的是，或者应该说幸运的是，他从未遇到过老虎。

"然而，这场昆虫学的盛宴美中不足的是，捕虫者的头顶悬着一把剑：他们可能会被老虎吃掉！"

甲虫

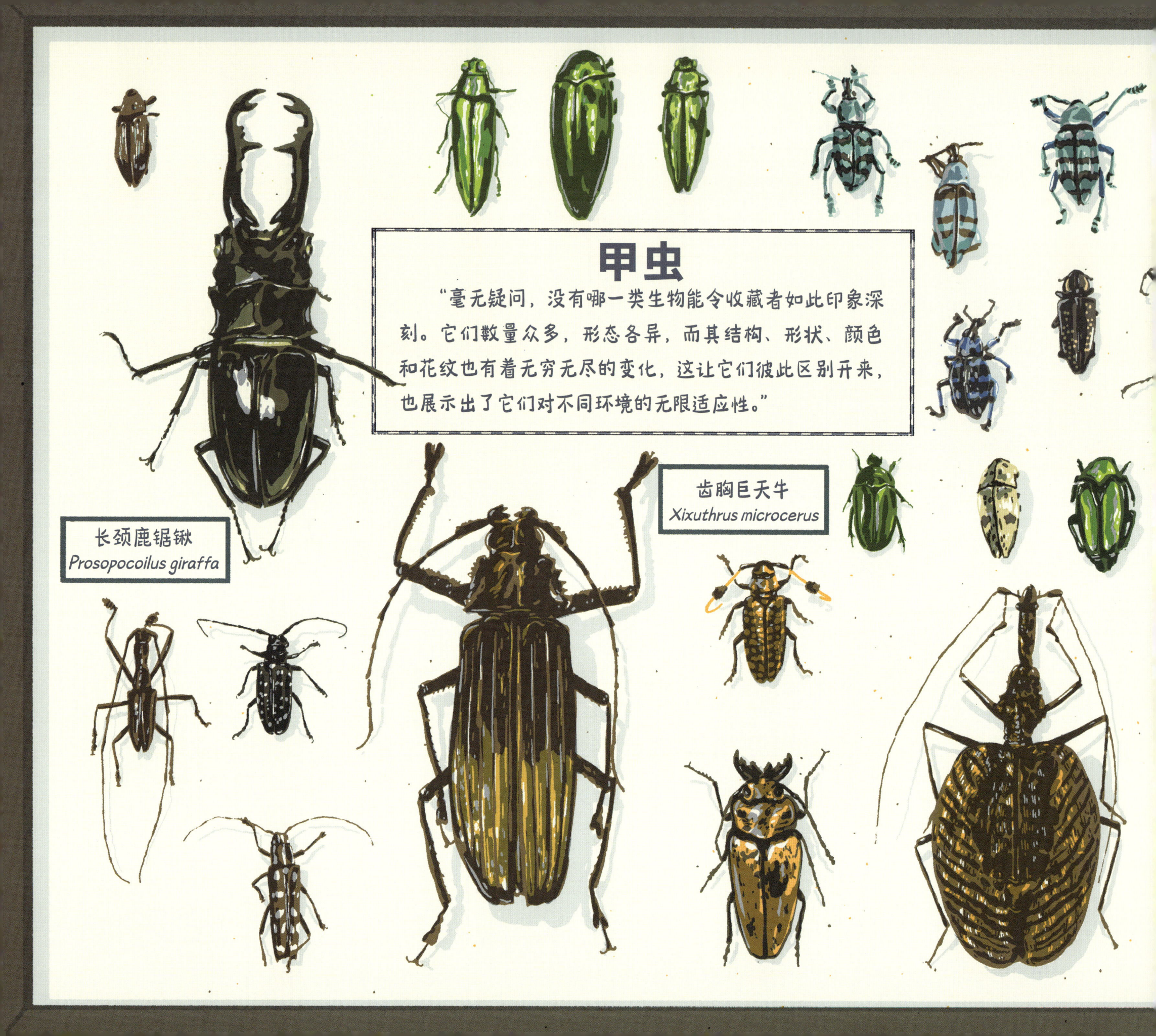

"毫无疑问,没有哪一类生物能令收藏者如此印象深刻。它们数量众多,形态各异,而其结构、形状、颜色和花纹也有着无穷无尽的变化,这让它们彼此区别开来,也展示出了它们对不同环境的无限适应性。"

长颈鹿锯锹
Prosopocoilus giraffa

齿胸巨天牛
Xixuthrus microcerus

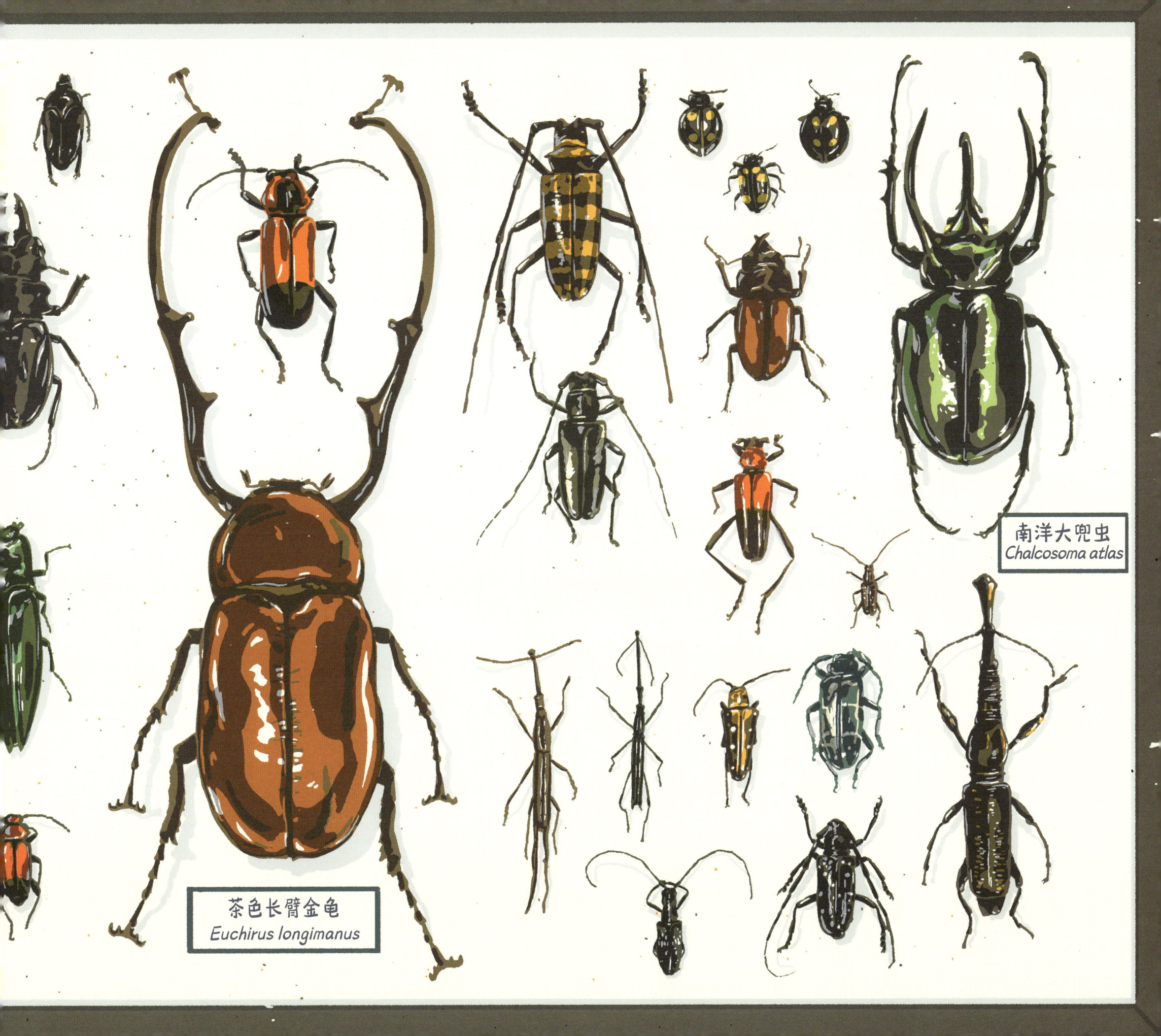

茶色长臂金龟
Euchirus longimanus

南洋大兜虫
Chalcosoma atlas

徒步穿越婆罗洲丛林

婆罗洲是他们的下一个目的地。华莱士认识一位在当地生活的英国人——詹姆斯·布鲁克爵士（Sir James Brooke）——他很有影响力，并热心地提出要帮助华莱士进行探险。华莱士想找一处合适的房子、一艘好的独木舟、一位当地的助手，这些事都很不容易做到，他需要朋友的帮助。

1854年10月下旬，华莱士和查尔斯抵达婆罗洲。首先，他们探索了沙捞越河（Sarawak River）沿岸，但一无所获。雨季已经来临，昆虫和鸟类都变少了。随后，华莱士听说在沙东河（Sadong River）以东开了一座煤矿。部分森林被砍伐，用于采矿和供给木材。由此而来的空地将是收集蝴蝶的理想场所，而腐朽的木料间也会有大量的甲虫。这一次，幸运女神站在了他们这边，他们抵达后天气渐晴，每天都阳光普照。华莱士希望在这里待一段日子，于是他们建造了一座有两个房间和一个大阳台的小木屋，这样他们就能在树荫下工作和休息了。有露营床、茶杯和餐具，还有华莱士所有的书籍、收集工具和科学仪器，他们安顿了下来，过得还算舒适。比起他在亚马孙的生活条件，这绝对算得上奢侈了。

这里的昆虫数量多到让人咋舌。短短几个月，他们就在不到1平方英里（约2.6平方千米）的区域内采集到近2000种不同的甲虫。蝴蝶数量虽没那么多，但它们异常瑰丽。华莱士收获的珍宝是一只罕见的黑色蝴蝶，它长而尖的翅膀上有一排明亮的绿色斑点，他

> "每一个物种的**出现**，在空间与时间上，都对应着一个此前就存在的亲缘物种。"

觉得它"或许是世界上最优雅的蝴蝶"。他以友人詹姆斯·布鲁克的名字将其命名为"*Ornithoptera brookiana*"（即如今的 *Trogonoptera brookiana*，翠叶红颈凤蝶，brookiana 是来自布鲁克的姓氏 Brooke）。

从河流到森林有一条由树干首尾相连而成的小路，当地人用这条路来搬运独木舟和重物。周围的土地潮湿且泥泞，华莱士经常走这条路去采集标本。

他在湿滑的圆木上行走的样子绝对是一个奇景，偶尔他会摔倒，眼镜、捕虫网和收集箱都会飞向空中。正如他在书中所写："当人的注意力不断被周围各种各样的有趣事物所吸引时，偶然跌入泥潭大抵是不可避免的"。

华莱士经常和一些当地原住民——欧洲旅行者称他们为迪亚克人（Dayak）——待在一起。几个世纪前，他们因猎人头的习俗而臭名昭著，因为他们的祖先相信敌人的头颅会给他们带来好运。华莱士很幸运，他去的时候这种习俗已成了过去式！他很钦佩迪亚克人高超的技能和对森林的了解，也经常受邀住在他们的高脚长屋里。

昆虫并不是华莱士在婆罗洲唯一有价值的发现。他刚到矿场没多久，在自家周围采集时，听到树上沙沙作响。他抬起头，惊喜地发现一个毛茸茸的长臂大家伙。它一边盯着他看，一边在树枝间缓缓移动。这是华莱士第一次遇见猩猩，他很走运，在之后的岛上观察中他又遇到了不少猩猩。他对它们那些和人类相似的行为非常感兴趣。被激怒时，它们会愤怒地嚎叫、撕扯树枝，再气冲冲地把断枝扔到地上。华莱士还遇到了一种奇特的亮绿色树蛙，它们能飞上天空，再用长而宽的脚蹼从树上滑翔下来。他是第一个发现"飞蛙"的欧洲旅行者。

华莱士一直在思考关于物种的问题——新物种是如何形成的，在哪儿形成，又为什么形成。1855 年 2 月，在婆罗洲岛上，他第一次对这些问题有了突破性的解释。由于天气太潮湿，华莱士无法进行采集活动，他便利用这段时间研究了自己的笔记和标本，研究岛上特定昆虫和鸟类出现的地点。他开始注意到动物清晰的分布模式，并意识到相似的物种往往会聚集在同一

地区。由此，华莱士得出了一个结论——当一个新物种出现时，它一定与附近发现的物种有密切关系，或者是从之前存在的物种进化而来的。华莱士仍然不知道这是怎么发生的，又为什么会发生，但他的理解已经接近答案了。不久后，他就在一篇短文中阐述了自己的这一想法，并将其连同一批新发现的甲虫一起寄往英国。几个月后，也就是1855年9月，他的文章在《博物学年鉴和期刊》（The Annals and Magazine of Natural History）上发表了。但令华莱士大失所望的是，这篇文章似乎并没有引起科学界的关注。

然而，有一个人却对华莱士的文章很感兴趣，那就是地质学家查尔斯·莱尔。他很快通知了他的密友查尔斯·达尔文——达尔文正在研究的观点与华莱士不谋而合。可能正因他们都对这个主题很感兴趣，华莱士和达尔文几个月后开始了通信。后来，达尔文写道，对于竟然没人注意到华莱士的文章这件事，他感到万分惊讶。事实上，他认同华莱士文中"几乎每一个字"。

1856年2月，华莱士已经在婆罗洲度过了一年多的时光，他乘船返回新加坡，通过出售标本筹集新的资金，并计划下一阶段的旅行。查尔斯·艾伦决定留在婆罗洲，于是华莱士找了一位当地人做助手，这位新助手名叫阿里，他将在余下的探险旅程中与华莱士同行。

蝴 蝶

"这种昆虫的美丽和光辉是无法形容的，当我终于捉到它时，我兴奋异常，那种感觉恐怕只有博物学家才懂。我小心翼翼地把它从网中取出来，当它张开美丽的翅膀时，我的心脏开始怦怦乱跳，一股热血涌上了头顶。我感到一阵眩晕，比我受到死亡威胁时的感觉还要强烈。之后那一整天，我的头都在疼，可能大多数人都无法理解，由此产生的兴奋感怎会如此强烈。"

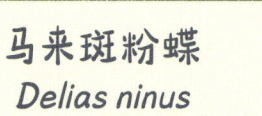

马来斑粉蝶
Delias ninus

猫脸蛱蝶
Agatasa calydonia

帝汶岛裳凤蝶
Troides plato

华莱士青凤蝶
Graphium wallacei

蓝翠凤蝶
Papilio pericles

多眼环蝶
Taenaris domitilla

"我们的两侧都是岩石峡谷，峡谷深处有一条小溪奔流而下。我们顺流下行，经过许多横向河谷，并沿着当地人修建的竹桥在崖壁上行走。有些竹桥数百英尺（约一两百米）长，离地五六十英尺（约十几米），就由一根直径4英寸（约10厘米）粗的竹子架成。竹桥旁还有一根细竹当扶手，但大多不牢固，无法当作坚实的支撑物。"

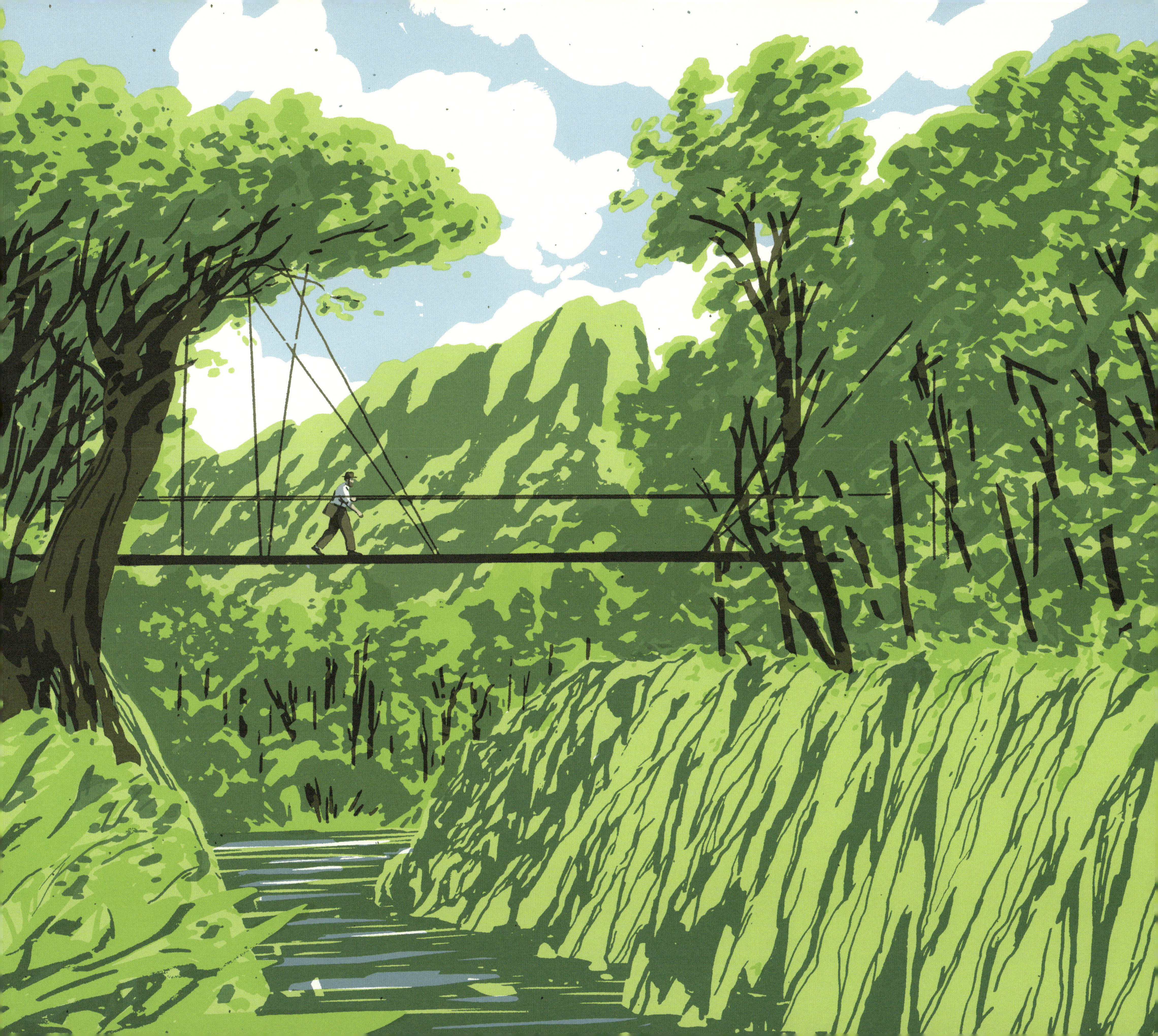

在巴厘岛和龙目岛的重大发现

在新加坡苦等了近 4 个月后，华莱士终于收到了继续旅行的资金。现在他正朝着西里伯斯岛（Celebes，现在的苏拉威西岛）进发，但却不得不绕行至巴厘岛和龙目岛这两大火山岛。

花了 20 天的时间，华莱士和阿里于 1856 年 6 月 13 日抵达巴厘岛。这里的景色令人叹为观止，火山的山巅高耸在云层之上，参差起伏的山坡上布满梯田。这里精心设计的灌溉系统令华莱士印象深刻，一道道水渠将山中的泉水引入水稻梯田。虽然岛上只有一小片森林可供探索，但一路上他们看到许许多多五颜六色的蝴蝶在阳光下飞舞，还碰上了许多在其他岛屿上见过的漂亮的热带鸟类，包

探索龙目岛海岸

> "巴厘岛和龙目岛……虽然面积相近，土壤、地貌、海拔和气候也别无二致，但这两座遥遥相望的岛屿上的物产有着巨大差异。事实上，它们属于两个截然不同的生态圈，它们之间有着清晰的界线。"

括巨嘴鸟、食果鸫（*Chlamydochaera jefferyi*）和织布鸟（*Ploceidae*），织布鸟奇特的瓶状鸟巢倒挂在树枝上。

两天后，他们航行至邻近的龙目岛，在那里等待去往西里伯斯岛的船只。这段跨越狭窄海峡的旅行用时很短，但在岸边抛锚停靠却十分危险。海里有凶险的急流，水浪的拍打声如雷鸣般响亮，小型船只很容易被冲走。华莱士听到船夫说："这里的大海总是很饿，会吃掉它能抓到的一切。"这让他有些许不安。直到所有的箱子和收集工具都完好无损地上了岸，他才彻底放下心来。

华莱士和阿里租了一艘小船沿着海岸进行探索，有时还会冒险进入沿途的森林。那里有很多鸟，华莱士希望能找到和他在巴厘岛看到的一样的鸟，毕竟这两个岛屿相距只有几千米。

然而，事与愿违，他惊讶地发现这座岛上的鸟类完全不同。这里有羽冠带黄色羽毛的白凤头鹦鹉（*Cacatua alba*），还有一种奇特的橙脚冢雉（*Megapodius reinwardt*）——它们会用树叶、树枝和泥土把蛋掩埋起来。华莱士感到很困惑：在两个如此相近的岛屿上，景致和气候别无二致，可岛上的鸟类怎会如此不同？在探索物种为什么会出现在它们所在地的过程中，他又有了一项了不起的发现。

奇特的橙脚冢雉

苏门答腊虎
Panthera tigris sumatrae

猩猩
Pongo

鹊鸲
Copsychus saularis

巴厘岛

赤胸拟啄木鸟
Megalaima haemacephala

亚洲金织雀
Ploceus hypoxanthus

"在这片群岛上，有两个截然不同的动物群，它们界限分明，两者间的差异，跟南美洲和非洲之间动物物种的差异一样大，甚至比欧洲和北美洲之间的差异更大……我认为，群岛的西部是亚洲大陆分离出的一个部分，而东部是则前太平洋板块碎片的延伸。"

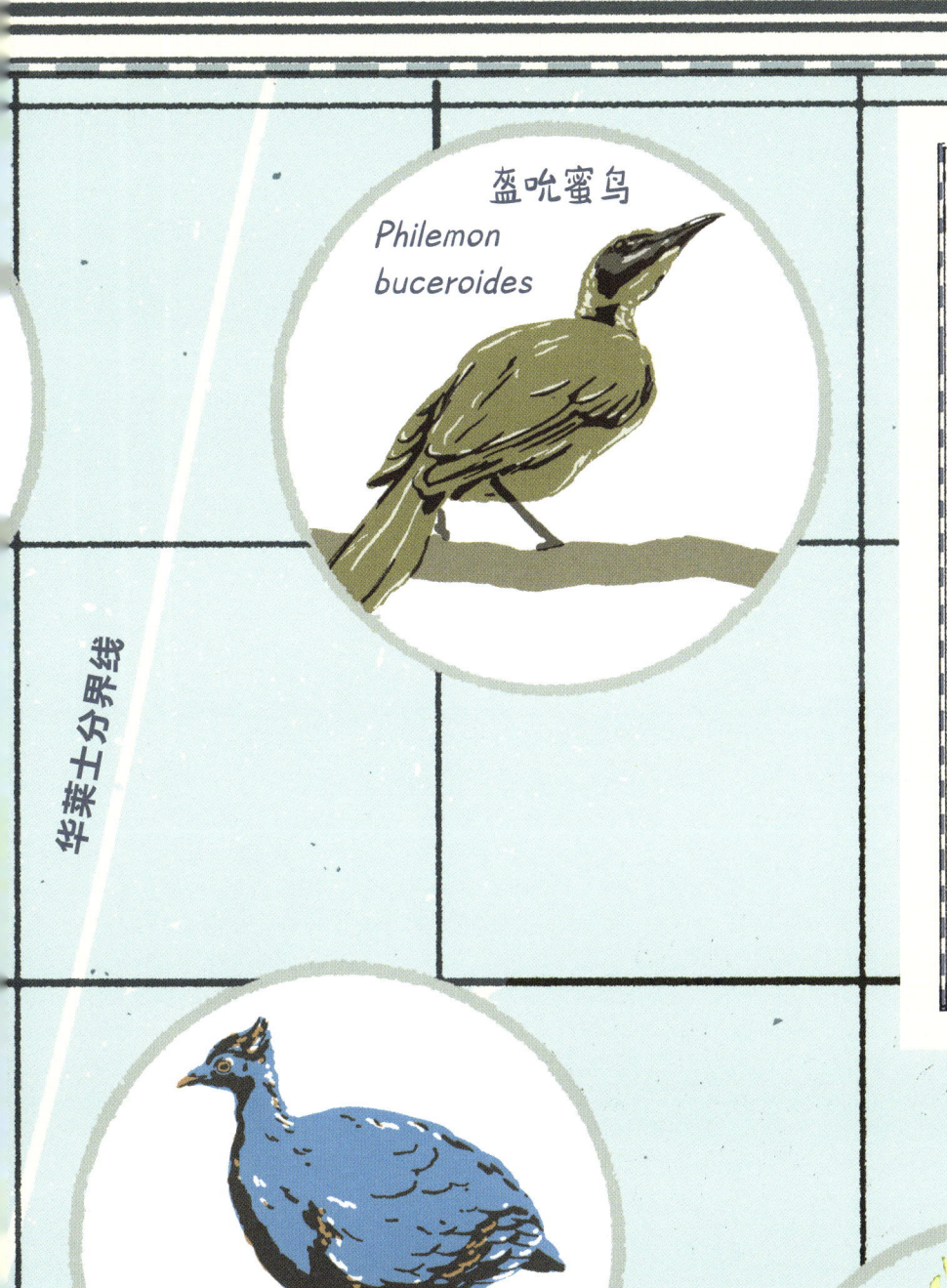

华莱士分界线

华莱士意识到，巴厘岛和龙目岛之间深邃且狭窄的海峡就像是分隔两个动物世界的边界：一边是亚洲特有的鸟类，另一边是澳大拉西亚（大洋洲的一个地区，包括澳大利亚、新西兰和其他邻近的太平洋岛屿）特有的鸟类。华莱士进一步向东前往其他岛屿，随后证实，这两侧哺乳动物之间的差异也同样显著。西部的大岛上有老虎和猩猩，而东部的岛屿上则生活着树袋鼠（*Dendrolagus*）和斑袋貂（*Spilocuscus maculatus*）等有袋类动物。他得出的结论是：在过去的某个时候，当海平面较低时，这两个岛屿一定是相互接壤的，岛上生活的动物种类相似。然而后来，巴厘岛和龙目岛之间的深海沟将它们隔开，分布于两个岛上的两个动物世界分别进化。他的这一发现后来被称为"华莱士分界线"。

华莱士分界线

盔吠蜜鸟
Philemon buceroides

橙脚冢雉
Megapodius reinwardt

小葵花凤头鹦鹉
Cacatua sulphurea

龙目岛

树袋鼠
Dendrolagus

穿过岛屿迷宫向东航行

华莱士因自己的发现感到兴奋不已,他还想了解更多,因此决定要在未来的 5 年继续探索西里伯斯岛和新几内亚岛之间的岛屿链,尤其是要多次探索那些主要的岛屿。而他的行程规划很大程度上要考虑季节因素,以及能找到的邮轮、商船和当地船只的航程。

华莱士一心想要收集更多的证据来弄清物种是如何随时间进化的,但他还需要继续寻找有价值的标本来为他的探险提供资金。他把目光投向了一种特殊类型的鸟——极乐鸟,这种鸟因其羽毛美得惊人,倍受收藏家的珍视。他听说在群岛以东数千千米外的阿鲁群岛(Aru Island)上有大量极乐鸟。于是他定下了大量收集这种鸟类标本的目标,同时,他也想在它们的自然栖息地观察它们。1856 年 12 月 18 日,华莱士和阿里发现当地一艘商船的航线,恰好包含从西里伯斯岛到阿鲁群岛这段航程。这是一艘大型马来帆船,外形上有点儿像中国帆船,甲板上有一栋盖着茅草棚的小舱,华莱士称这是他在海上旅行中享受过的"最舒适的船舱"。

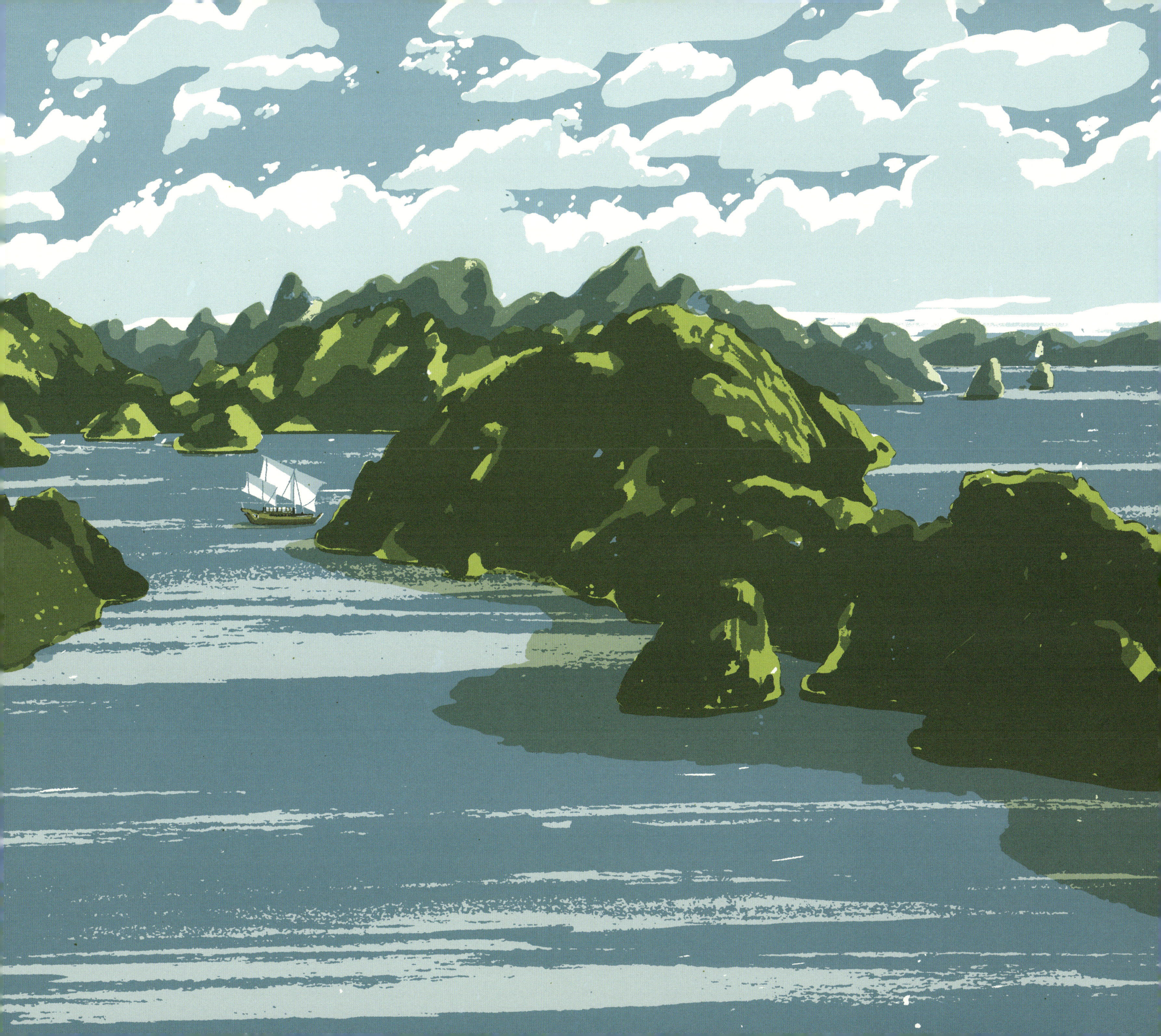

红极乐鸟
Paradisaea rubra

小极乐鸟
Paradisaea minor

王极乐鸟
Cicinnurus regius

"大自然似乎采取了一切预防措施，以免最珍奇的宝贝因太容易获得而贬降了身价。"

极乐鸟

在 21 天的航行后， 1857 年 1 月 8 日，华莱士 34 岁生日那天，他们抵达了阿鲁群岛。这些岛屿被茂密的热带丛林所覆盖，处处都是丰茂的植被，几乎没有可以穿行的路，标本采集起来十分困难。在阴暗的森林中跋涉了数月，付出的努力终于得到了回报，他们遇到了第一批极乐鸟，华莱士说它们是"地球上最美丽的羽族居民"。鸟儿在枝杈间蹦来跳去，它们色彩浓艳、气度不凡，长长的羽毛卷曲成弧形，显得很优雅。它们翩翩起舞，扇动翅膀，伸展双翼，甚至倒挂来吸引伴侣。亲眼看到它们精彩的表演，华莱士感到无比荣幸。他终于找到了可以称之为瑰宝的藏品。

大极乐鸟
Paradisaea apoda

幡羽极乐鸟
Semioptera wallacii

这些深色的甲虫进化出了与巴厘岛黑色火山砂的颜色相似的体色。

长足虎甲
Abroscelis longipes

这些浅色的甲虫进化出了与婆罗洲白色沙滩的颜色相近的体色。

纤足海滩虎甲
Abroscelis tenuipes

亲爱的达尔文先生

黑掌树蛙
Rhacophorus nigropalmatus

在一座座岛屿间航行，在炎热潮湿的**丛林**中跋涉，对华莱士的健康造成了不小的伤害。因为发烧或脚伤感染，他经常连续几周待在家里，他会利用这些时间写笔记和整理收藏品。在家休养让他有更多时间思考物种起源这一重大问题，并进一步研究他的标本收藏中的物种变异现象。华莱士确信生物会随着时间的推移而逐渐变化，一个物种一定是从另一个物种进化而来的，但他还没弄懂这是如何发生的。

1858年2月，他在济罗罗岛（Gilolo，现在的哈马黑拉岛）的旅途中发起了烧，就在他卧床养病时，灵感陡然而生。物种是如何随时间而进化的？那一定是大自然的选择。这样一切就都说得通了。正如他在自己的收藏中所见，同一物种的个体间可能会略有不同，也许是喙更尖些，也许是颜色更明亮一些。华莱士意识到，那些最适应其环境特征的个体比其他个体存活和繁殖的概率更高，而它们会把这些有用的特征传给下一代。年轻的一代又将这些有用的特征传给自己的后代。经过一代又一代，这一物种就会逐渐发生变化，并形成一个全新的物种。

华莱士在婆罗洲野外丛林中发现的树蛙就是一个极佳的例子。当蛙类开始生活在更高处的林冠层时，它们非常适合游泳的蹼状脚趾就必须进化，使它们能够在空中滑翔。脚趾长、蹼足宽的蛙能在树梢间跳跃滑翔，它们比其他的蛙更容易躲过捕食者。在华莱士看来，树蛙就是蛙类在慢慢适应新的环境——林冠层——的过程中出现的，这也证明了一个物种可能起源于另一个物种。他在不同岛屿上收集到的形形色色的虎甲是另一个很好的例子。随着时间的推移，浅色的甲虫进化出与婆罗洲白色沙滩的颜色相近的体色，而深色的甲虫则进化出与巴厘岛黑色火山砂的颜色相似的体色。

华莱士身体一康复，就立即将这一想法写了下来，并将其寄给了一位与他对这一问题有着同样研究激情且有书信往来的人——查尔斯·达尔文。华莱士希望自己在论文中提出的理论能有助于揭开物种起源的奥秘。他询问达尔文，如果对方认为他的研究有足够的价值，是否愿意将他的研究引荐给其他科学家。

这一次，华莱士的论文当然没有被忽视！1858年6月18日，达尔文收到这封信时无比震惊，因为他已经为同一个想

> "为什么有些个体死掉了，而有些活了下来？答案显而易见——总体而言最适合的活了下来。最健康的逃过了疾病，最强壮、最敏捷、最狡猾的躲过了敌人，最善于捕食的挨过了饥荒……以此类推……适者生存。"

法研究了近 20 年。他立即将此事告知好友查尔斯·莱尔。"我从没见过比这更惊人的巧合，"他写道，"我所有的原创性，不论价值几何，都将付诸东流。"接下来该怎么办？明知华莱士的观点和自己一样，他岂能心安理得地发表自己的研究？两位好友的一系列信件随之而来，莱尔和植物学家约瑟夫·胡克想出了一个办法。他们准备在 1858 年 7 月 1 日，在伦敦举行的一次科学会议上同时宣读达尔文的一部分笔记和华莱士的论文。这样，二人会被认为是独立提出了相同的想法。

直到此时，达尔文仍不愿发表自己的理论，因为他还想再收集一些有说服力的证据。毕竟，物种会随时间的推移逐渐改变或进化并有共同祖先的观点十分激进，势必会挑战当时公众的认知。华莱士的信促使达尔文迅速撰写了《物种起源》一书，该书于次年 11 月出版。从那时起，达尔文就被视为这一理论的主要创建者，至今仍然如此。

事实上，阿尔弗雷德·拉塞尔·华莱士和查尔斯·达尔文在进行科学考察时，行进路线的方向是相反的，但他们都提出了自然选择理论，这是一个极为伟大的科学发现。其实，同时提出相似理论的事件在科学史上不足为奇。华莱士通过收集和研究热带丛林中成千上万的甲虫、蝴蝶和鸟类形成了这一理论。而达尔文通过研究自己的笔记和几年前在"小猎犬号"上航行时收集到的众多标本，也得出了同样的结论。

此时的华莱士还在马来群岛寻找极乐鸟，他并不知道自己的论文在伦敦发表有何反响。船上通信不便，几个月后他收到了达尔文的一封信，告诉他这次会议的安排，并希望他能同意这种安排。华莱士不仅同意了，还在回信中表示，他对能为这一惊人发现做出贡献感到无比荣幸。他的观点终于赢得了科学界的重视。在一封写给母亲的信中，他说自己很高兴，达尔文和其他著名科学家都非常看重他的研究。一年后，华莱士收到了一本达尔文的书，他为达尔文清晰的理论和有说服力的阐述所折服。在给一位朋友的信中，他这样写道："他的著作的完整程度是我永远也无法企及的，无论是书中丰富的证据、无懈可击的观点，还是那令人钦佩的语气和精神。我真的很庆幸，把这一理论公之于众的不是我。"若是换作旁人，恐怕就不会如此谦逊了。

> "达尔文先生给世界带来了一门新的科学，在我看来，他的名字应该排在所有古今哲学家之上。我对他的钦佩无以复加！！！"

大燕蛾
Lyssa zampa

乌桕大蚕蛾
Attacus atlas

豹尺蛾
Dysphania militaris

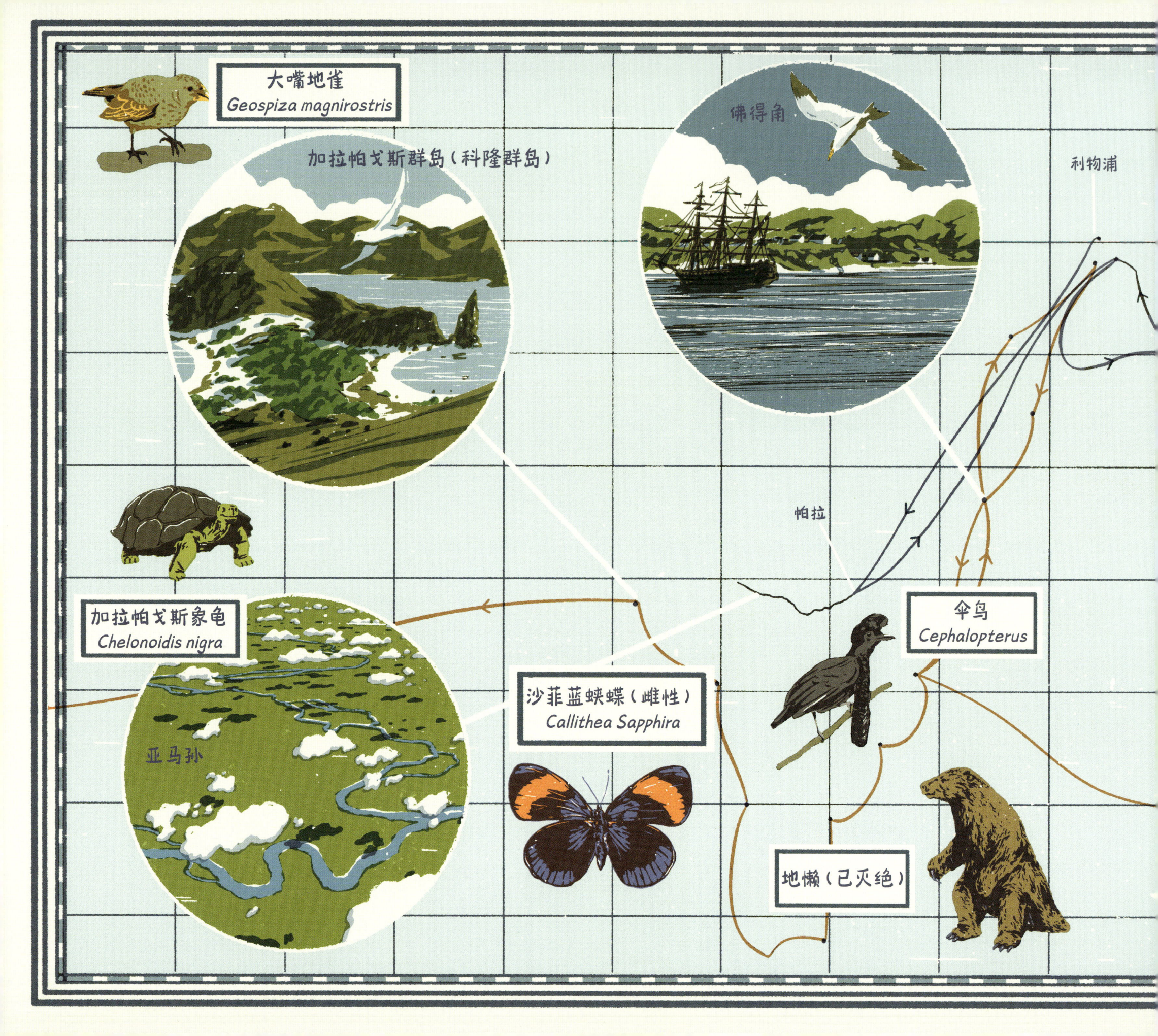

大嘴地雀
Geospiza magnirostris

加拉帕戈斯群岛（科隆群岛）

佛得角

利物浦

帕拉

加拉帕戈斯象龟
Chelonoidis nigra

亚马孙

沙菲蓝蛱蝶（雌性）
Callithea Sapphira

伞鸟
Cephalopterus

地懒（已灭绝）

华莱士和达尔文的进化之旅

婆罗洲

猩猩 Pongo

塔希提岛

西里伯斯岛

新加坡

爪哇岛

龙目岛

鸭嘴兽
Ornithorhynchus anatinus

阿鲁群岛

黑掌树蛙
Rhacophorus nigropalmatus

华莱士的旅行路线 ——
达尔文的旅行路线 ——

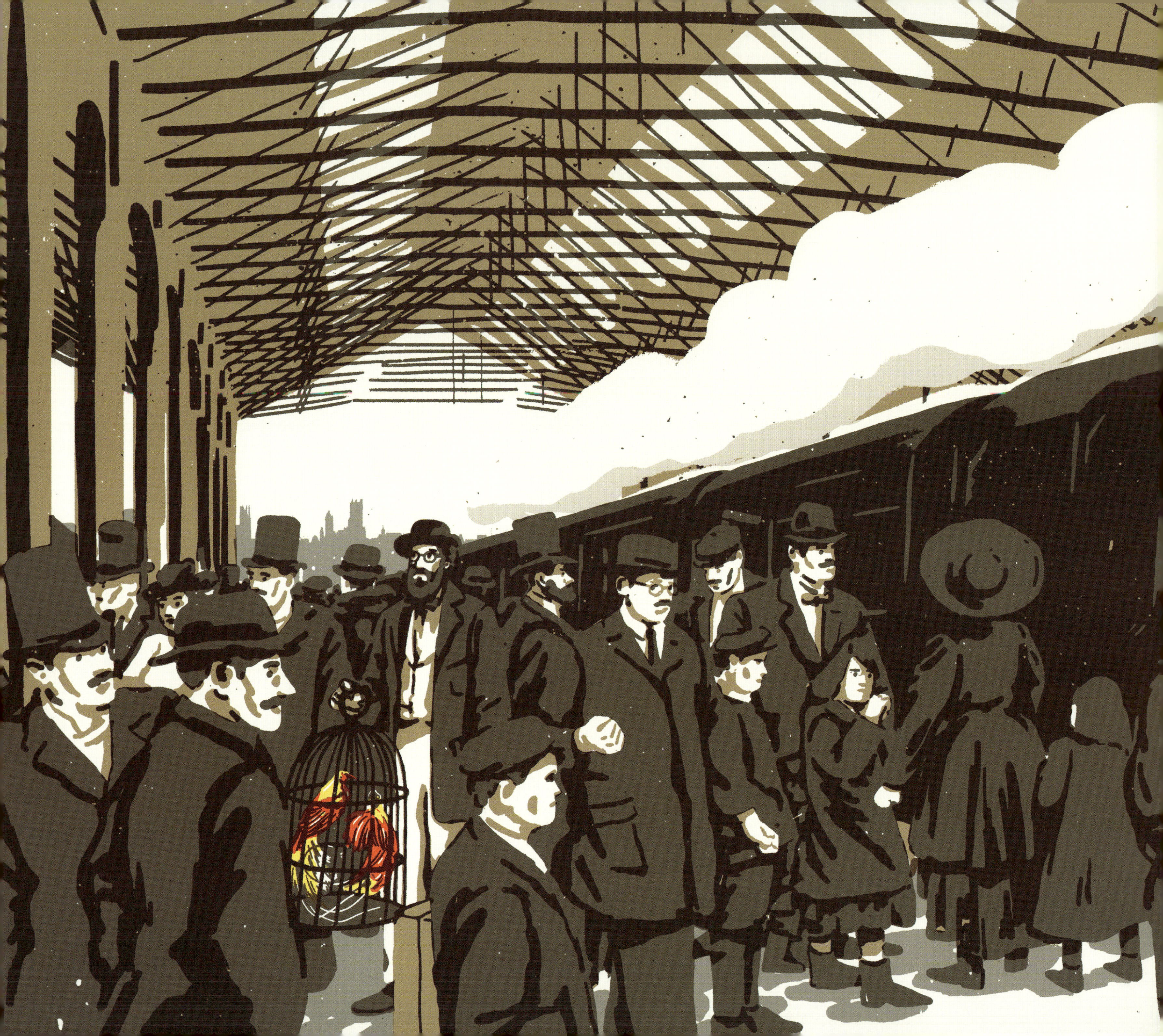

回家

华莱士花了将近 8 年的时间在马来群岛旅行，直到 39 岁时，他才准备回家。在新加坡等待归程时，他为伦敦动物园买下了两只装在大竹笼中的漂亮的极乐鸟。在欧洲很少能见到活着的极乐鸟，它们将为他换来急需的钱。在回家的漫漫之路上，照料这对珍贵的动物对华莱士来说无疑是一项挑战，他不得不用水果和在船上抓到的蟑螂来喂鸟。经过长途航行，华莱士于 1862 年 3 月 31 日抵达伦敦。

华莱士搬进了姐姐范妮和她丈夫的家，慢慢地重新适应了英国的生活方式。他找出了自己在探险期间寄回家的那一大堆自留标本，重新看到自己在丛林中捕获的数千只昆虫和鸟类让他很激动。最初的几个月，他一直在整理和研究这些标本，还时不时去参观大英博物馆，他的许多标本都被大英博物馆收藏了。他还花了不少时间了解近年来家里发生的事，并处理自己的事情。

华莱士对自己能受到科学界如此热烈的欢迎感到惊讶和高兴，现在的他不仅是人们眼中杰出的收藏家，也是了不起的博物学家。这些年来，他和包括达尔文在内的许多顶尖科学家都成了至交契友，而他与达尔文关于进化论的探讨也还在继续。两个人都极为尊重对方。华莱士把自己的一本书以致敬达尔文的形式发表，当作友谊和钦佩的象征。达尔文说华莱士太谦虚了，并在文章中指出："他把我看得太高，把自己看得太低微了。"

尽管取得了卓越的成就，但华莱士仍然找不到一份有固定收入的正式工作。后来，他撰写了22本书和数百篇有关各种主题的科学文章，并在英国和北美做了许多次公开演讲，从而贴补他的收入。

1866年4月，华莱士与安妮·米滕（Annie Mitten）结婚，安妮和他一样热爱大自然，他们生了三个孩子——赫伯特、维奥莱特和威廉。他们喜欢一起在乡间散步，在花园里种植新奇有趣的植物。为了躲避城镇的迅速扩张，寻求乡村的宁静，他们一次又一次地搬家。

华莱士活到了90岁高龄。在他的一生中，作为一位藏品丰富的收藏家和杰出的科学家，他获得了许多著名的奖项。他是一个谦逊的人，自学成才，对周围的世界有着无限的热情，充满了好奇心。他不仅收集了数十万件标本（其中许多是科学上新发现的物种），还和达尔文一起，让我们对地球上的生命如何进化有了新的认识。多年前那个在阿斯克河里用长柄锅捕鱼的小男孩，以不可思议的方式成了世界上著名的科学家之一。

> "我真诚地祝愿大家也能享受神秘且瑰丽的大自然所带来的美好，那是我曾经享受过的美好，也是我如今正在享受的美好。"

1870年4月20日，达尔文写给华莱士的信

> "这可能算得上我生命中最得意的一件事了——尽管在某种意义上我们是竞争对手，但我们从未嫉妒过对方。"

"倘若我父亲是个中等富裕的人,给我提供了丰衣足食的生活和花不完的零用钱;倘若我哥哥在人口稠密的城镇或城市的某家公司里找到了合伙人,又或者在他的职业生涯中站稳了脚跟,那我可能永远也不会投身大自然,它也不会成为我孤独时光的慰藉和享受,我的整个人生都将不同。尽管我一定会关注科学,但若出身不同,我恐怕不太可能有如此疯狂的计划,踏入亚马孙那几乎无人知晓的莽莽丛林中去观察自然,并通过采集标本来谋生。"

阿尔弗雷德·拉塞尔·华莱士

25岁的华莱士

90岁的华莱士

词汇表

B

变异： 同种生物世代之间或同代生物不同个体之间在形态特征、生理特征等方面表现出差异。

标本： 保持实物原样或经过加工整理，供教学、研究用的动物、植物、矿物等的样品。

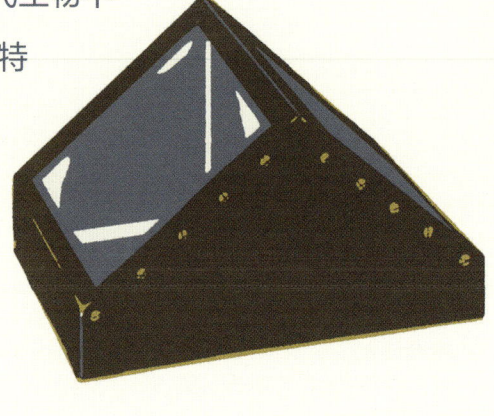

博物学： 动物学、植物学、矿物学、生理学等学科的总称。

H

化石： 古代生物的遗体、遗物或遗迹埋藏在地下变成的岩石一样的东西。

黄热病： 一种急性传染病，由黄热病病毒引起，经蚊子叮咬传播，多见于南美洲和非洲。

L

棱镜罗盘： 一种带观察缝和小棱镜的罗盘，使用者可以读出某个点相对于磁北极的方向。

林冠层： 森林中树木的多叶枝杈连成一片的顶层区域。

六分仪： 通过测量太阳或其他天体与海平面或地平面的夹角来确定使用者地理位置的仪器。

N

疟疾： 一种急性传染病，病原体是疟原虫，由蚊子传播，周期性发作。

Q

晴雨表： 测量大气压力并预测天气晴或雨的仪器。

R

人工地平仪： 看不见现实的地平线时，提供人工地平线以指示水平方向的仪器。

T

土地测量员： 测量土地或建筑物边界和标高（地面或建筑物上的一点和作为基准的水平面之间的垂直距离）的人。

W

物种： 生物分类的基本单位，包含所有具备相同特征的特定类型的生物。

Y

英国皇家地理学会： 一个成立于1830年的英国地理学术团体，旨在促进地理学进步（最初名为伦敦地理学会）。

Z

种群： 一定时间内占据一定空间的同种生物的所有个体。

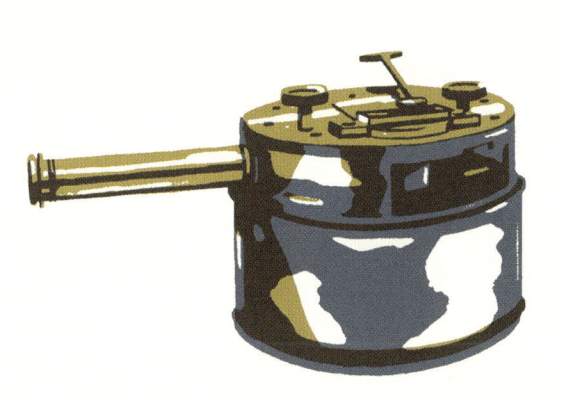

种植园： 在热带地区大规模种植棉花、咖啡和甘蔗等作物的大型农场或庄园。

自然选择理论： 由华莱士和达尔文提出，用来解释生物随时间逐渐变化或进化的过程的理论。具有最适应其所处环境特征的个体比其他个体更有可能生存和繁殖，也会将这些有用的特征传给其后代。经过一代又一代的繁衍，生物体逐步的变化累加起来会形成一个新的物种。

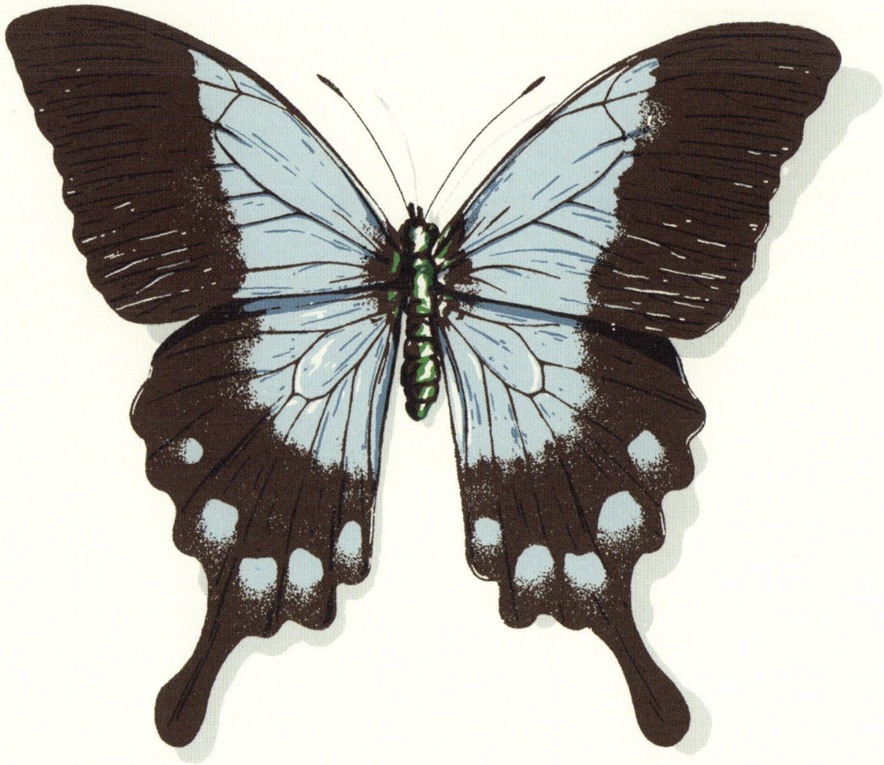